山东省社科理论重点研究基地『孔子研究院中外文明交流互鉴研究基地』成果

尼山丛书·国学经典音注

刘续兵 总主编

《道德经》正音释读

李翠 张海涛 编注

山东教育出版社
·济南·

图书在版编目（CIP）数据

《道德经》正音释读 / 李翠，张海涛编注 . —济南：山东教育出版社，2023.9（2024.1重印）

（尼山丛书·国学经典音注 /刘续兵总主编）

ISBN 978-7-5701-2686-6

Ⅰ.①道… Ⅱ.①李… ②张… Ⅲ.①《道德经》–青少年读物 Ⅳ.①B223.1–49

中国国家版本馆CIP数据核字（2023）第175929号

NISHAN CONGSHU·GUOXUE JINGDIAN YINZHU
《DAODE JING》ZHENGYIN SHIDU

尼山丛书·国学经典音注　　　　　　　　　　刘续兵　总主编

《道德经》正音释读　　　　　　　　李　翠　张海涛　编　注

主管单位：山东出版传媒股份有限公司
出版发行：山东教育出版社
　　　　　地址：济南市市中区二环南路 2066 号 4 区 1 号　　邮编：250003
　　　　　电话：（0531）82092660　　网址：www.sjs.com.cn
印　　刷：山东临沂新华印刷物流集团有限责任公司
版　　次：2023 年 9 月第 1 版
印　　次：2024 年 1 月第 2 次印刷
开　　本：710 毫米 ×1000 毫米　1/16
印　　张：13.25
字　　数：199 千
定　　价：53.00 元

（如印装质量有问题，请与印刷厂联系调换）印厂电话：0539-2925659

总 序

在五千多年的发展演变中，中华文明形成了自己的突出特性。第一个特性，就是其突出的连续性。

孔子整理"六经"，自称"述而不作"，全面继承了以前两千五百多年的文明成果，这就是所谓的"先孔子而圣者，非孔子无以明"；同时，孔子又以极大的魄力、高深的学识以及在当时条件下对文献资料尽可能丰富的掌握，"以述为作"而又"寓作于述"，使得以"六经"为代表的典籍整理和传承成果，成为以后两千五百多年中华智慧的源泉，这就是所谓的"后孔子而圣者，非孔子无以法"。中华文明的这种连续性，也因经典的生成而具有了无可替代的神圣性。

对"六经"的整理和删定，其实就是孔子的"创造性转化、创新性发展"，这又成为中华文明创新性的最好注脚。实际上，中华文明的所有突出特性，包括统一性、包容性、和平性，既体现在中华民族几千年来的民生日用中，更体现在中华文化核心经典的流传中。

如果说经典的研究离不开学者们在书斋里创作的"高头讲章"，那么文化的传播则需要适应青少年需求、面向更广大国学爱好者群体的"国风"作品。因此，尼山世界儒学中心（中国孔子基金会秘书处）推出了这套国学经典正音释读丛书，力争以"两创"方针为指导，努力推动中华经典进学校、进课程、进头脑，在广大青少年学生的精神世界落地生根。我们这项工作，其实就是接续先贤经注传统、推动文化落地普及的无数探索中的小小一部分。

丛书力图结合青少年可塑性强的特点，以经典中所凝聚的文化精髓，涵养其精神世界。坚持选取"经典中的经典、精华中的精华"原则，编写、出版校勘精良、读音标准、注释准确，以"大字、注释、注音、诵读"为特色的读本，促使国学经典走进青少年和广大国学爱好者的心灵，让更多人爱上传统文化，增强文化自信和民族自豪感。

丛书分别为《大学》《中庸》《论语》《孟子》《诗经》《道德经》等六部经典正音释读，这六部经典是中华文化最重要、最具有基础性意义的典籍。孔子研究院受山东省委宣传部、尼山世界儒学中心（中国孔子基金会秘书处）的委托，组织精干学术力量开展课题研究，确定了如下编写风格：

一、导言为领。每部作品都以"导言"来提纲挈领。如《大学》对于"大学"与"小学"、"大学"与"大人"、《大学》与曾子、《大学》与道统、《大学》与朱子等核心问题的分析，《中庸》对于其作者、流传、结构、思想的介绍，《论语》对于其书名的由来、编纂者、成书时间、流传版本的阐释，《孟子》对于其成书过程、主要思想、推荐读法等问题的思考，《诗经》对于其"源"与"流"、"诗"与"诗三百"、孔子与"诗三百"、"诗三百"与《诗经》、《诗经》与中华文化的关系等内容的梳理,《道德经》对于其研究现状、核心概念、政治哲学、生命哲学及其对后世影响的解读,都努力把握要点,向读者讲清楚这些经典的框架、价值及其在中华文化中的地位。

二、章旨为引。为方便读者更好地理解内容,每部经典的篇章都通过"章旨"的形式进行引导解说,综述篇章大义,阐明相关章节在逻辑、义理上的内在联系,以满足广大读者诵读经典的学习需求,并引出与读者对话的主题,帮助提高阅读效率。读者结合"章旨"阅读正文,可见全书结构的纵横条理。

三、正文为经,注释为纬。《大学》《中庸》《论语》《孟子》采用朱子的《四书章句集注》为底本;《诗经》以《十三经注疏》中的《毛诗正义》为底本,并参照"三家诗"对其中的个别字词进行了修订;《道德经》采用王弼注本为底本,也适当地以河上公本、马王堆帛书本、郭店竹简本与北大汉简本等为参校。改订之处均于注释中做出说明。其中的难字、难词,有针对性地进行了注释,力求精练、准确、易懂。某些字词有多种解释时,除选择编者认可的注释外,也适当提供其他说法,供读者参考,以便留有思索的空间。为使读者更好地了解经典的原貌,在繁简字转化时保留了部分常用的古汉语字词,其中有些不常用的生僻字词也依据底本予以保留,力求做到文本的准确无误。

四、注音为辅。注音以音义俱佳、不失考据为原则,并兼顾现代汉语的读音规则。凡有分歧之处,根据文义,汲取历史上注疏经典的经验做法,尤其是参考和借鉴朱子《四书章句集注》正音读、重释义的注解做法,将每个字的读音标注清楚,以便帮助读者理解字义。对一字多音、不好确定的字,查找权威资料,结合现代读音,反复推敲,以确定最佳读音。

编写过程中，参考了古今学者大量研究成果，以参考文献的方式择要列于书后。受人之泽，不敢隐人之美，特此深致谢忱。

书中肯定有不当之处，恳请读者不吝批评指正。

刘续兵

2023 年 8 月

目 录

导　言 ………………………………………… 001

第一章 ………………………………………… 001

第二章 ………………………………………… 003

第三章 ………………………………………… 005

第四章 ………………………………………… 007

第五章 ………………………………………… 009

第六章 ………………………………………… 011

第七章 ………………………………………… 013

第八章 ………………………………………… 015

第九章 ………………………………………… 018

第十章 ………………………………………… 020

第十一章 ……………………………………… 022

第十二章 ……………………………………… 024

第十三章 ……………………………………… 026

第十四章 ……………………………………… 028

第十五章 ……………………………………… 030

第十六章 ………………………………………… 032

第十七章 ………………………………………… 034

第十八章 ………………………………………… 036

第十九章 ………………………………………… 038

第二十章 ………………………………………… 040

第二十一章 ……………………………………… 043

第二十二章 ……………………………………… 045

第二十三章 ……………………………………… 047

第二十四章 ……………………………………… 050

第二十五章 ……………………………………… 052

第二十六章 ……………………………………… 056

第二十七章 ……………………………………… 058

第二十八章 ……………………………………… 060

第二十九章 ……………………………………… 062

第三十章 ………………………………………… 064

第三十一章 ……………………………………… 066

第三十二章 ……………………………………… 069

第三十三章 ……………………………………… 071

第三十四章 ……………………………………… 073

第三十五章 ……………………………………… 075

第三十六章 ……………………………………… 077

第三十七章 ……………………………………… 079

第三十八章 ……………………………………… 081

第三十九章 ……………………………………… 085

第四十章 ………………………………………… 088

第四十一章 ……………………………………… 091

第四十二章 ……………………………………… 093

第四十三章 ……………………………………… 096

第四十四章 ……………………………………… 098

第四十五章 ……………………………………… 100

第四十六章 ……………………………………… 102

第四十七章 ……………………………………… 104

第四十八章 ……………………………………… 106

第四十九章 ……………………………………… 108

第五十章 ………………………………………… 110

第五十一章 ……………………………………… 112

第五十二章 ……………………………………… 114

第五十三章 ……………………………………… 116

第五十四章 ……………………………………… 118

第五十五章 ……………………………………… 120

第五十六章 ……………………………………… 122

第五十七章 ……………………………………… 124

第五十八章 ……………………………………… 126

第五十九章 ……………………………………… 128

第六十章 …………………………………… 130

第六十一章 ………………………………… 132

第六十二章 ………………………………… 134

第六十三章 ………………………………… 136

第六十四章 ………………………………… 138

第六十五章 ………………………………… 141

第六十六章 ………………………………… 143

第六十七章 ………………………………… 145

第六十八章 ………………………………… 148

第六十九章 ………………………………… 150

第七十章 …………………………………… 152

第七十一章 ………………………………… 154

第七十二章 ………………………………… 156

第七十三章 ………………………………… 158

第七十四章 ………………………………… 160

第七十五章 ………………………………… 162

第七十六章 ………………………………… 164

第七十七章 ………………………………… 166

第七十八章 ………………………………… 168

第七十九章 ………………………………… 170

第八十章 …………………………………… 172

第八十一章 ………………………………… 175

参考文献 …………………………………… 177

导 言

　　《道德经》亦称《老子》，又有《老子经》《老子道德经》《道德真经》等称，是先秦道家学派的经典文本，是中华文化精神宝库中一颗耀眼的瑰宝。《道德经》短短五千余言，却涵括了哲学、政治学、军事学等诸多学科，浓缩了中国人深层的经验和智慧，其文博大精微、玄妙深奥，其言简约有韵、浑朴隽永。

一、老子与《道德经》

　　《道德经》的作者与成书年代，一直是学术界聚讼纷纭的问题。《史记·老子韩非列传》记载：

　　　　老子者，楚苦县厉乡曲仁里人也，姓李氏，名耳，字聃，周守藏室之史也。
　　　　…………
　　　　或曰老莱子，亦楚人也，著书十五篇，言道家之用，与孔子同时云。……
　　　　自孔子死之后百二十九年，而史记周太史儋见秦献公曰……或曰儋即老子，或曰非也，世莫知其然否。老子，隐君子也。

按照司马迁的说法，春秋战国时期共有三位被称为"老子"的思想家：一位是管理周王室档册书籍的史官李耳（老聃），孔子曾向其问礼；另两位分别是与孔子同时代的楚国大隐士老莱子和战国时期见秦献公的周太史儋。不过，三人之中，司马迁将大量笔墨集中在"周守藏史"老聃之身，将其作为传主加以正面记述，可见他还是做了倾向性的选择。

倾向并非史料，在司马迁之后，这桩因史料不足而造成的学术公案不断被推出、被叩问、被探索。随着近代疑古之风兴起，学者们考证辨析、众说纷纭、各执己见、莫衷一是。有持传统论者，认为老子即"孔子问礼"之老聃，其书形成于孔子之前的春秋晚期，从《战国策》《礼记·曾子问》《庄子》《荀子》《韩非子》《吕氏春秋》等典籍的引述可知；有说老子为战国时代的人，《老子》成书时间为战国后期；有说老聃是在杨朱、宋钘之后，《老子》成书时间为秦汉之间；有说老聃是中国古代传说中的"博大真人"，《老子》成书时间在庄周、宋钘之后，可能为"楚人詹何"所作；等等。

幸运的是，随着帛书本和楚简本《老子》的出土和汉简本《老子》的回归，历史还是为我们提供了缓和争端、回归传统的机遇。

1973 年，西汉文帝时期的墓葬湖南长沙马王堆三号坑出土了两种帛书《老子》。甲本字体为篆书，不避汉高祖之"邦"字讳，初步认定为秦代篆书抄本；乙本字体为隶书，避汉高祖之"邦"字讳却不讳汉文帝之"恒"字，初步推算为汉初隶书抄本。帛书本在《道经》与《德经》的前后位置等细节上与传世的河上公本和王弼本有差异。传世本《道经》是上卷，《德经》是下卷。《道经》始于"道可道，非常道"，从第一章至三十七章；《德经》始于"上德不德，是以有德"，从第三十八章至第八十一章。而帛书本《德经》是上卷，《道经》是下卷。由于绢帛埋在地下已有两千余年，甲本又是卷在木棍上的，比折叠埋葬的乙本破损更为严重，故存在诸多讹字、脱文、衍误、错简，但综合甲本、乙本的文字，其具体内容与传世本并无太大的差别。

1993 年，湖北荆门郭店村战国楚墓又出土了三种竹简《老子》，虽然其三组文字仅为传世本的五分之二，章次安排也不相同，但其各组的文义顺序及其内容与传世本还是基本一致的。据碳十四测定，其墓葬时间为公元前 300 年左右，有学者推论竹简本早于战国中期。裴锡圭先生在其《说〈老子〉中的"无为"和"为"》中指出：

> 《老子》是春秋晚期思想家老聃的一部语录，现在所能看到的自汉初马王堆汉墓帛书《老子》甲本以下的各种本子，都显然辗转出自同一个祖本。……这个祖本出现的时间应该不会晚于战国早期。

2009 年，北京大学获得一批从海外回归的西汉竹简，其中《老子》一书与帛书乙本抄写时间大致相同。更让人惊喜的是，北大汉简本是《老子》版本中保存最为完整的一种，全书正文共 5265 字，并首次将《老子》分为《上经》和《下经》，其《上经》对应了帛书本《德经》，《下经》对应了帛书本《道经》，印证了《史记·老子韩非列传》中"老子乃著书上下篇"的说法。被尊称为"经",是《老子》文本演变过程中具有标志性的事件,在形式上确立了其经典地位。这正是王国维先生所讲的以"地下之新材料"补正了"纸上之材料"。这些珍贵的《老子》古本,加强了人们对传统说法的信心,即《老子》作者是春秋时期的老聃,成书时间不会晚于战国早期。笔者所讨论的老子与他的思想即是以传统论为前提的。

老子是春秋末期陈国苦县(今河南鹿邑)人,大约在老子去世后不久,陈国被并入楚国,所以《史记》又说他是楚国人。老子姓李,名耳,字聃。根据高亨先生考订,春秋年间并无"李"姓,但有"老"姓,"老""李"一声之转,老子原姓"老",后以音同变为"李"。而"耳""聃"字义相近,故称作"耳"。他曾担任过周王室藏书室史官,是一位知识渊博的学者,在社会上享有崇高的声望。孔子曾专程去向他请教有关礼制的问题,后来孔子在自己的弟子面前,赞叹老子就像"乘风云而上天"的龙一样。对于当时周王室的衰落及种种现实乱象,老子痛心疾首,对精神超越的孜孜追求使他最终做出飘然高隐的人生选择,辞官引退,不知所终。《史记·老子韩非列传》记载:

老子修道德,其学以自隐无名为务。居周久之,见周之衰,乃遂去。至关,关令尹喜曰:"子将隐矣,彊为我著书。"于是老子乃著书上下篇,言道德之意五千余言而去,莫知其所终。

这段记载已经可见《道德经》书名的雏形,但此时的"道德"毕竟还不是书名。《汉书·外戚传》载："窦太后好黄帝、老子言，景帝及诸窦不得不读《老子》，尊其术。"《汉书·艺文志》著录有《老子邻氏经传》四篇、《老子傅氏经说》三十七篇、《老子徐氏经说》六篇、刘向《说老子》四篇，这说明当时人们一般称《道德经》为《老子》。

魏晋时期史书已经屡见《道德经》这一书名，并且又出现《老子经》《老子道德经》等书名。嵇康《圣贤高士传》载："安丘望之，字仲都，京兆长陵人。少持《老子经》，恬净不求进宦，号曰安丘丈人。"《晋书·王羲之列传》载："道士云：'为写《道德经》，当举群相赠耳。'羲之欣然写毕，笼鹅而归，甚以为乐。"《北齐书·杜弼列传》载："（杜）弼性好名理，探味玄宗，自在军旅，带经从役。注老子《道德经》二卷。"

历史上为《道德经》作注者甚多，先秦时期韩非子的《解老》和《喻老》是最早的两种，汉魏时代表性的注释类作品有《老子河上公章句》、严遵《老子指归》以及王弼《老子道德经注》。《隋书·经籍志》记载《老子》的注释、音义、义疏、讲疏之作多达49种。元代张与材曾说："《道德》八十一章，注者三千余家。"注释者的身份更是千差万别：有至尊天子，如唐玄宗李隆基、明太祖朱元璋等；有普通士人，如王弼；还有得道高僧，如释惠琳、释惠严、释德清等。

释德清在其《老子道德经解》中说："搜诸家注释，则多以己意为文……因谓注乃人人之《老》《庄》，非老庄之《老》《庄》也。"自古以来，注释者见仁见智，力求阐明义蕴者有之，任凭己意驰骋其说者亦有之。不同版本的断句、篇章、释义又增损无常、纷纭杂乱，为方便读者理解《道德经》原文，我们挑选底本时才格外注意。《道德经》文本较权威的主要有王弼本、河上公本、马王堆帛书本和郭店竹简本，另外，唐初傅奕的《道德经古本篇》和易州龙兴观的景龙碑本、开元碑本等也属于比较重要的版本。

本书正文选用最通行的传世本王弼《老子道德经注》（中华书局楼宇烈校释本），参校王卡整理《老子道德经河上公章句》、出土文献郭店竹简本（荆门市博物馆《郭店楚墓竹简》）、廖明春《郭店楚简老子校释》、国家文物局古文献研究室主编《马王堆汉墓帛书（一）》等书。注音参校鲍鹏山《〈道德经〉正音诵读》和朱谦之《老子校释》等书。校点及注释参校王弼注本、高明《帛书老子校注》、徐志钧《老子帛书校注》、吴文文《北大汉简老子译注》和陈鼓应《老子注译及评介》等书，博采众说，间出己意。

二、《道德经》的核心概念"道"

《道德经》一书，行文简古，隐晦曲折，正言若反，意蕴深厚。老子在这里设置了层层玄关，用其朴素的辩证思维，构筑起独特的古典哲学殿堂。在老子宏大玄奥的哲学体系中，"道"是最核心的概念，是作为宇宙万物的本原，万物创生、存在、变化的根本来叙述的。梁启超曾在《老子、孔子、墨子及其学派》一文中说："五千言的《老子》，最少有四千言是讲道的作用。"

首先，"道"是宇宙万物的本原，是人的感官所不能接触到的形而上的存在。《道德经》第二十五章对"道"进行了描述：

有物混成，先天地生。寂兮廖兮，独立不改，周行而不

殆，可以为天下母。吾不知其名，强字之曰"道"，强为之
名曰"大"。大曰逝，逝曰远，远曰反。

"道"是先于天地而存在的，是宇宙中一个原始混沌、质朴圆融
的和谐体。"道"无状无象，无从感知。它不依赖任何事物而独
立存在，不受任何因素的作用和制约，它循环往复、周流无隙、
终而复始、永不停息，并且渗透一切、无所不在、漫无际涯、无
所不容。因此，只能以"大"来勉强为它命名，而人类的社会活
动不过是"道"运行过程中的衍化。

老子对这个宇宙本原的"道"的认知是模糊的，只能勉强以
"道"或"大"赋予它一个名字。就如同我们今天对宇宙万物的
总根源的认知也依然是模糊的。但刘笑敢先生在《老子古今》中
说："道的模糊性不是老子哲学的缺点或局限，而恰恰是老子哲
学的高妙之处、过人之处。"因为老子建构起了自己的宇宙观，
并且阐明了宇宙生成以及"道"演化万物的过程，即第四十二章
里所言"道生一，一生二，二生三，三生万物"。在老子的哲学体
系中，"道"是终极性的支配力量，具有至高无上的神圣地位。

其次，"道"是调节和维系宇宙间一切事物运动发展的规律
和法则。第七十七章对此展开了说明：

天之道，其犹张弓与？高者抑之，下者举之；有余者损
之，不足者补之。
天之道，损有余而补不足。人之道则不然，损不足以奉
有余。孰能有余以奉天下？唯有道者。

老子以"张弓"为喻，指出天道就像调节弓弦，弦位高了就往下压，弦位低了就往上升，弓弦过长就截掉一些，弓弦过短便补足它。即自然界生态的平衡、人类社会各阶层的平衡，都有天道在暗中调节、维系。天道作为一种无形的力量，使宇宙间万事万物保持一种动态的平衡，盈虚消长、调和适中、均衡稳定。

《道德经》第四十二章说："万物负阴而抱阳，冲气以为和。"这也是描述"道"作为一种力量，调节和维系着万物内在的和谐。这种万物内在的和谐以及彼此之间的协调，在时间和空间上则体现为一种谨严的规律和法则。大到整个宇宙，小到每一粒尘埃，自然界的沧海桑田，国家的治乱兴衰，人的生老病死，无一不是"道"在起作用。而这种作用又是自然而然的，即第二十五章所讲的"人法地，地法天，天法道，道法自然"，"道"只在天地、万物本然的状态中呈现。老子的这种理念，使得长期以来一直统治着中华民族精神世界的"天""上帝"失去了权威，黯淡了光环，逐步让位给了抽象的哲学思辨，交权给了"自然规律"。所以，老子在第二十五章里直接把"道"列为了四大之首："故道大，天大，地大，王亦大。域中有四大，而王居其一焉。"

郭沫若在《青铜时代》中写道：

> 老子发明了本体的观念，是中国思想史上所从来没有的观念，他找不出既成的文字来命名它，只在方便上勉强名之曰"大"，"大"字终嫌太笼统，不得已又勉强给它一个字，叫着"道"。

"道"是老子所创立的全新的哲学概念，或者说是老子对先秦已有名词"道"进行了新的阐发，建立起自己的哲学本体论。老子"道"的概念的提出，是中国思想文化发展史上具有划时代意义的大事，其价值与影响是巨大而深远的。

三、《道德经》的政治哲学

《汉书·艺文志·诸子略》云：

> 道家者流，盖出于史官，历记成败、存亡、祸福、古今之道，然后知秉要执本，清虚以自守，卑弱以自持，此君子南面之术也。合于尧之克攘，易之嗛嗛，一谦而四益，此其所长也。及放者为之，则欲绝去礼学，兼弃仁义，曰独任清虚可以为治。

在汉代学者那里，以老子为代表的道家学派，从整体上被概括为"君人南面之术"。《道德经》中不少内容带有春秋、战国乃至秦汉时期的政治痕迹。如《道德经》第六十二章"故立天子，置三公"之类的提法，所反映的就是春秋晚期的政治哲学思想。

在政治态度方面，老子对当时的统治者进行了无情的批判和强烈的抗议。第五十三章就是一篇酣畅犀利的檄文，老子痛快淋漓地针砭当时腐败丑恶的社会政治风气，义愤填膺地痛斥统治者欺榨百姓、奢侈糜烂、荒淫无道的种种劣行："朝甚除，田甚芜，仓甚虚；服文采，带利剑，厌饮食，财货有余，是谓盗夸。"他警示那些恣意杀人、作恶多端、违背天道的暴政者"天网恢恢，疏而不失"（第七十三章）。他入木三分地指出社会动乱的真正根源就是统治者的剥削和高压："民之饥，以其上食税之多，是以饥。民之难治，以其上之有为，是以难治。民之轻死，以其上求生之厚，是以轻死。"（第七十五章）晋代王弼在《老子注》中云："言民之所以僻，治之所以乱，皆由上，不由其下也。民从上也。"老子认为，身处天子、侯王之位，即肩负着重大的责任，国家的兴亡成败、民众的幸福安康，首先取决于统治者的德行。

《道德经》中的"德"字有两层内涵：一层是就"道"与"德"的关系而言，"德"是万物根源于"道"的天性、特质；二层是指统治者的德行和能力。老子在《德经》首章便提出"上德无为而无以为"的政治理念，强调"上德"应该顺应自然，遵循清净无为之道，效法天道的玄德。何谓玄德？老子说："生而不有，为而不恃，长而不宰，是谓玄德。"（第五十一章）天道虽然创生万物、滋养万物，却是无意识、无目的的，不会据为己有而私自主宰，也不会自居有功而妄加干涉。最深远、最微妙的"德"就是能够激发万物的自发性，并顺任自然。圣人效法天道，就应当具备这种清净无为之德。

效法天道、顺应自然、清净无为的政治理念并不等于高枕无忧式的垂拱而治。老子在第七十七章中指出现实社会已是"损不足以奉有余"的违背天道的失衡状态，他呼吁人道效法天道，"损有余而补不足"，使社会秩序保持一种动态的、相对的平衡与和谐。他认为宽宏仁厚的政风，可使社会风气敦厚平和，民众生活朴实安宁，苛察严酷的政风却会适得其反："其政闷闷，其民淳淳；其政察察，其民缺缺。"（第五十八章）在老子看来，最理想的政治图景是"我无为,而民自化;我好静,而民自正;我无事,而民自富;我无欲,而民自朴"(第五十七章)。统治者清静无为、不贪不奢,以顺任自然的态度来处理政务,以潜移默化的方式来引导民众;民众自我化育,自我端正,淳厚质朴,与世无争。第六十章又将其阐述得更加具体化、形象化,使之具备了可操作性——"治大国,若烹小鲜"。在老子看来,为政治国要小心谨慎、战战兢兢、如履薄冰,千万不要自作聪明、折腾扰民、节外生枝。统治者清净无为,民众各遂其生,上下相安无事,理想的政治就得以实现了,即以"无为"的方式达到了"无不为"的目的。

在战争的问题上,老子反战厌武,尊重生命。他指出"夫兵者,不祥之器,物或恶之,故有道者不处""夫乐杀人者,则不可以得志于天下矣"(第三十一章),"大军之后,必有凶年"(第三十章)。他由"道"的基本特征引申得出"慈""俭""不敢为天下先"(第六十七章)的重要命题。此"三宝"用于军事,可守疆御土、取得胜利;用于政治,可承天之佑、长治久安。

高亨在其《老子正诂》中分析:

> 老子之言皆为侯王而发,其书言"圣人"者凡三十许处,皆有位之圣人,而非无位之圣人也。言"我"言"吾"者凡十许处,皆侯王之自称,而非平民之自称也。……故《老子》书实侯王之宝典,《老子》哲学实侯王之哲学也。

高亨此言过于绝对。《道德经》中"侯王""圣人"之词的确出现在很多章节里,成为老子哲学的诉求对象;但同时

"民""百姓"之词也大量出现，并常以与"侯王""圣人"相对的身份出现。"天地不仁，以万物为刍狗；圣人不仁，以百姓为刍狗。"（第五章）"圣人无常心，以百姓心为心。"（第四十九章）"侯王若能守之，万物将自化。"（第三十七章）老子哲学并非"侯王哲学"，他只是对"侯王"提出要求，要求其效法天道，修习圣人之德，少私寡欲，慈悲谦下，以百姓心为心。这才是老子《道德经》真正的"君人南面之术"。

四、《道德经》的生命哲学

老子的思想体系中蕴含着丰富的生命哲学。宋代李霖在其《道德真经取善集》中评价《道德经》一书是"内则修心养命，外则治国安民"。"修心养命"包涵心性和生命两个层面。

从生命层面上，老子提出"摄生"，即养护生命。他在第五十章中对人的生死寿夭进行了分析："生之徒，十有三；死之徒，十有三"，这是正常的自然的生死状况，还有"人之生，动之于死地，亦十有三"这种因奉养过度、饱饫烹宰而伤残身体、糟蹋生命的情况。因此老子在生命的养护问题上，主张见素抱朴、少私寡欲、清静无为、真朴自然。在第十三章，他又提出了"贵身""爱身"，即珍视身体、爱惜生命。"故贵以身为天下，若可寄天下；爱以身为天下，若可托天下。"珍重一己之身、爱惜一己生命的人，才能珍重他人的生命，爱惜他人的生命，才能以珍爱身体的恭谨态度去治理天下，才可以把天下托付给他。

老子的生命哲学中还有一个重要的概念——柔。他借助"水"等形象生动的意象去描述"柔"的可贵。他第七十八章中讲：

天下莫柔弱于水，而攻坚强者莫之能胜，以其无以易之。弱之胜强，柔之胜刚，天下莫不知，莫能行。

老子认为水具备两种特性：一是表象的柔弱趋下、润物无声、利人利物；二是本质的韧性绵绵、攻坚克强、水滴石穿。形式虽是至柔的，但本质上却蕴含至刚的力量。因此最柔弱无力的东西，其实是最有韧性、最有力量的。这种"柔弱胜刚强"的理念体现在生命的层面，便是他在第七十六章所说的，坚硬的事物属于趋向死亡的一类，柔弱的事物才是富有生机的：

人之生也柔弱，其死也坚强。万物草木之生也柔脆，其死也枯槁。故坚强者死之徒，柔弱者生之徒。

这种"柔"的理念体现在心性层面上，则是引导人们贵柔守雌、和光同尘、知足抱朴，恢复到无知无欲的婴儿状态。"专气致柔，能婴儿乎？"（第十章）老子注意到，弱小柔软的婴儿是最具生机和活力的。他主张通过调息、引导等方式，达到婴儿的状态。"知其雄，守其雌，为天下谿。为天下谿，常德不离，复归于婴儿。"（第二十八章）"守雌"含有持静、处后、守柔的意思，也包含内收、敛藏、隐忍的心性层面的意义。守雌守柔，才能回归到积蓄力量、蕴含生机的婴儿状态。他在第五十五章中以"赤子"的筋骨柔弱、天真未凿、纯真柔和的状态比喻真正得道之人、厚德之人的修养境界，并且提出"精之至"与"和之至"两个重要概念。"精之至"形容精气充足盈沛、精神充实饱满的状态，而"和之至"则是形容元气平和淳厚、心灵凝聚和谐的状态。

五、《道德经》对后世的影响

《道德经》是中华传统文化的精髓，对后世思想文化的影响是全方位的。元末明初著名的理学家、史学家，被誉为"开国文臣之首"的宋濂，在其《诸子辨》中总结：

> 《老子》二卷，《道经》《德经》各一。凡八十一章，五千七百四十八言，周柱下史李耳撰。耳字伯阳，一字聃。……老聃，孔子所尝问礼者，何其寿欤？……耽书所言，大抵敛守退藏，不为物先，而壹返于自然。由其所该者甚广，故后世多尊之行之。

随后，宋濂分类介绍了老子思想，继而得出的结论——"道家祖之""神仙家祖之""兵家祖之""庄列祖之""申韩祖之""张良祖之""曹参祖之"，再加上前文讲的"孔子问礼"，即道家、儒家、兵家、法家、阴阳家、神仙家、杂家等学派以及一些政治家，都曾受到《道德经》的影响。

道家以老子开宗，后分化为两条线，一条为南道，即庄子学派，以《庄子》一书为代表。庄子承继老子，从形而上的自然主义的"道"或"天"出发，反对一切人为干涉。《汉书·艺文志》所指的"道家"就是南道道家。一条是北道，即黄老学派，以《黄帝四经》和《管子四篇》为代表。故作为黄老学派典型人物的司马谈在其《论六家要旨》中指出，道家是"因阴阳之大顺，采儒墨之善，撮名法之要"。与刑法之说相为表里，这正是黄老学派的特征，所以司马迁会在《史记》中把老子和韩非子放在同一部"列传"里。

南北两道在相互吸收与借鉴下发展自己。就整个中国哲学史与道教史而言，南道的影响力较为深远；但就中国政治文化史而言，黄老道家政治理念的深远影响完全不亚于表面上居于官学地位的儒家。西汉初期崇尚黄老之学，实行无为而治、休养生息的政策，促进了西汉经济的恢复和政治的巩固，出现了历史上为人称道的"文景之治"。唐代，高祖、太宗皆视老子为先祖，唐初期实行薄赋尚俭、重农务本、宽刑简法、安抚百姓的政策，有效地保证了百姓休养生息，促进了经济发展，开创了历史上辉煌的政治局面——贞观之治。唐高宗在乾封元年（666年）亲临亳州，拜谒老君庙，追尊老子为"太上玄元皇帝"（《旧唐书》），规定《道德经》为上经。唐玄宗更是先后三次给老子追加封号，由"大圣祖玄元皇帝"到"圣祖大道玄元皇帝"，再到"大圣祖高上大道金阙玄元天皇大帝"。他于五十一岁和七十一岁时两次注释《道德经》，即《御注道德真经》和《道德真经疏》，并亲自作序，颁于天下。他认为《道德经》"其要在乎理身、理国。理国则绝矜尚华薄，以无为不言为教。理身则少私寡欲，以虚心实腹为务"（《全唐文》卷41《道德真经疏释题词》）。汉唐两大王朝的兴盛，有力地证明了老子政治思想的积极意义。至宋代大中祥符六年（1013年），宋真宗又加封老子为"太上老君混元上德皇帝"。《道德经》对中国社会影响之大由此可见一斑。

著名史学家吕思勉曾在《先秦学术概论》中评价道家在先秦诸子之学中的特殊地位：

道家之学，实为诸家之纲领。诸家皆专明一节之用，道家则总揽其全。诸家皆其用，而道家则其体。

胡适在《中国哲学史大纲》中，将老子作为中国哲学的开端者。鲁迅在《至许寿裳的信》中也有"中国根柢全在道教"的说法。其实在中国哲学史主干问题上，无论是道家主干说还是儒家主干说都是有一定道理的。德国存在主义哲学家雅斯贝尔斯早在 1957 年出版的著作《大哲学家》中，就将老子归为原创性形而上学家，将孔子归为思想范式的创造者，认为二人都属于在世界文化轴心时代对人类社会做出重大贡献的文化巨人。在中国历史上，道家、儒家互为表里、相辅相成，不仅共同铸就了中华民族的品格，甚至对于整个民族的思维方式、生活习俗都起到了主导作用。

《道德经》不仅哺育和滋养了中华民族的心灵，也在漫长的历史中远播到世界各地。最迟在唐代，《道德经》即已走出国门。贞观年间，天竺曾向唐朝使团提出引进《道德经》和老子像。据《续高僧传》载，唐太宗诏令玄奘法师等人"翻《老子》五千文为梵言，以遗西域"，翻译使用的底本即为河上公注本。《旧唐书·西戎列传》记载："王玄策至，其王发使贡以奇珍异物及地图，因请老子像及《道德经》。"《道德经》最早被介绍到欧洲的明确记录是 1788 年。当时，西方传教士将该书翻译成拉丁文，作为礼物献给伦敦皇家学会。1868 年，英国图伯纳出版社出版了由英籍传教士港约翰（John Chalmers）编译的《老子玄学、政治与道德的思辨》，这是第一个正式出版的《道德经》英译本。20世纪后，各种语言译本不断出版。据最新数据统计，《道德经》

译本已有 1576 种，涉及语言 76 种之多，堪称近代以来西方译介传播范围最广、关注度最高的中华经典之一。《道德经》中以柔克刚、道法自然的哲学思想，反战和谐、为强不霸的政治理念，以及上善若水、见素抱朴的人文精神，成为全世界人民共同的精神财富。

李　翠

2023 年 3 月

dì yī zhāng

第一章

正如一首律诗有它的诗眼，一首乐曲有它的主题旋律，一部哲学著作自然也有它的中心篇章。本章作为《道德经》之《道经》首章，也具有这样的特殊地位。本章是老子哲学思想的高度浓缩和精辟概括，在全书中起着提纲挈领、统驭全局的关键作用。可以说，本章是我们步入老子哲学殿堂的门槛。

老子在本章中有三重创造：第一重是本体论。老子在本章开宗明义地提出了自己哲学体系的最高范畴"道"，并揭示了"道"的本质属性与重要意义："道"既是宇宙的本体，也是化育天地万物的母体和始源，是促使万物蓬勃生长、运动发展的规律，具有无限的潜在力和创造力。第二重是方法论。老子在本章提出"无名"和"有名"、"无欲"和"有欲"，这是从宇宙万物内在矛盾的运动变化中，从其各个方面的相互联系中，产生的对立统一的辩证思维方法。这种思维方法贯穿于《道德经》全书。第三重是认识论。老子认为，只有保持内心虚静、无思无欲，才能真实而深刻地认识到事物的内在本质与外在表现。这三重创造，标志着老子哲学系统的形成。

dào kě dào fēi cháng dào míng kě míng fēi cháng míng
道可道，非常道①；名可名，非常名②。

wú míng tiān dì zhī shǐ yǒu míng wàn wù zhī mǔ
无名，天地之始③；有名，万物之母④。

gù cháng wú yù yǐ guān qí miào cháng yǒu yù
故常无欲⑤，以观⑥其妙⑦；常有欲，

yǐ guān qí jiào cǐ liǎng zhě tóng chū ér yì míng tóng
以观其徼⑧。此两者⑨同出而异名，同

wèi zhī xuán xuán zhī yòu xuán zhòng miào zhī mén
谓之玄⑩。玄之又玄，众妙之门⑪。

①道可道，非常道：能够用语言表达和描述的道，就不是永恒不变的道。第一个、第三个"道"字是名词，是老子哲学思想体系的最高概念，指宇宙本原、永恒存在而又运动不息的规律和法则。第二个"道"是动词，指言说、描述。常，永恒、普遍。帛书本作"恒"，传世本为避汉文帝刘恒的名讳，改"恒"为"常"。"常道""恒道"强调"道"是一种永恒的存在、普遍的显现，是万物运动发展的推动者。②名可名，非常名：能够用来称呼和命名的具体名称，就不是恒久存在的"名"。第一个、第三个"名"字是名词，指名称、名号。第二个"名"是动词，指命名、称谓。常，恒常。帛书本作"恒"，传世本为避汉文帝刘恒的名讳，改"恒"为"常"。"常名""恒名"是指恒久存在的名称。③无名，天地之始：无形无名的混沌状态，是天地得以出现的本始。此句及下句，另有出于哲学观点的考虑以"无""有"为句读者，代表人物有宋代王安石、司马光、苏轼、范应元以及后世一些学者。本篇据王弼注以"无名""有名"为读。④有名，万物之母：有形有名的物质，是万物得以被孕育生长的母体、根源。⑤常无欲：经常保持内心虚静、无思无欲的状态。常，经常。帛书本作"恒"，传世本为避汉文帝刘恒的名讳，改"恒"为"常"。有学者以"常无""常有"为句读，本篇据王弼本以"常无欲""常有欲"为读。帛书本"欲"字后有"也"字，"也"字是句读的标志。⑥观：观察，观照。⑦妙：微妙、奥妙，指内在的、本质的。⑧徼：边际、边界，指外在的、表面的。⑨此两者："两者"指什么，分歧较大，王弼注为"始"和"母"，河上公注为"有欲"和"无欲"，另有学者注为"有"和"无"，还有注为"其妙"和"其徼"。本篇据王弼本注为天地的本始和万物的母体。⑩玄：幽昧深远。⑪众妙之门：宇宙万物一切奥妙的门径，即指"道"而言。

dì èr zhāng

第二章

　　首章是我们步入老子哲学殿堂的门槛，跨过门槛即掌握了其思想体系的逻辑起点，进而开始其方法论和认识论的具体运用。本章分两个层次论述：第一层阐述天地万物相互依存、对立统一的辩证关系，第二层论述圣人施政和教化的政治理念。

　　在老子看来，矛盾的对立统一是事物存在发展的本质属性。诸如美与丑、善与恶、有与无、难与易、长与短、高与下、前与后等，相互对立又相互依存、相辅相成。只有一方存在，另一方才得以存在。因此要用矛盾统一的眼光与方法去观察和认识世界。这是老子对世界的深刻观察和认识，是其朴素辩证法哲学思想的体现，十分可贵。

　　在老子看来，"道"创生万物、滋养万物，却是无意识、无目的的，不会据为己有而私自主宰，也不会自居有功而妄加干涉。圣人效法天道，就应该"处无为之事，行不言之教"。老子所追求的施政和教化是"随风潜入夜，润物细无声"的上乘境界，以潜移默化的方式来教导民众，"垂拱而天下治"。"圣人"在《道德经》中出现有三十次之多，是老子心目中的理想政治人物形象。

tiān xià jiē zhī měi zhī wéi měi　　sī è yǐ　　jiē

天下皆知美之为美①，斯恶已②；皆

zhī shàn zhī wéi shàn　sī bú shàn yǐ　　gù yǒu wú xiāng shēng

知善之为善，斯不善已。故有无相生③，

nán yì xiāng chéng cháng duǎn xiāng xíng　　gāo xià xiāng yíng　　yīn

难易相成，长短相形④，高下相盈⑤，音

shēng xiāng hè　　qián hòu xiāng suí

声相和⑥，前后相随。

shì yǐ shèng rén chǔ wú wéi zhī shì　　xíng bù yán zhī

是以圣人处无为之事⑦，行不言之

jiào　　wàn wù zuò ér fú shǐ　　shēng ér bù yǒu　wéi ér

教⑧。万物作而弗始⑨，生而不有，为而

bú shì　gōng chéng ér fú jū　　fú wéi fú jū　shì yǐ

不恃，功成而弗居⑩。夫唯弗居，是以

bú qù

不去⑪。

---

① 美之为美：美之所以被观念和标准定义为美。② 斯恶已：（美的观念一旦出现，）丑的观念就随之产生。斯，则、就。恶，丑陋、不美。已，语气词，通"矣"。③ 故有无相生：所以"有"和"无"相互生发。"有""无"指现实世界中事物的显现和隐匿，不同于第一章中指称本体"道"的"有""无"。相生，相互依存、生发。④ 长短相形：长与短是相互对照而显现的。形，显露、显现。⑤ 高下相盈：高与下是在相互衬托中呈现的。盈，呈现。⑥ 和：应和、调和。⑦ 圣人处无为之事：有道之人依照自然无为的方式处理世事。圣人，指有道且有位的人。无为，不干扰、不人为。⑧ 行不言之教：推行尊重个体、潜移默化的教化原则。不言，不发号施令。⑨ 万物作而弗始：任由万物自然兴起变化而不主导。作，兴起。⑩ 生而不有，为而不恃，功成而弗居：创生万物却不会据为己有，滋养万物却不会恃望其回报，成功了却不会自居有功。恃，依赖、依恃。弗居，不居功。⑪ 夫唯弗居，是以不去：正因他不居功，所以他的功绩永远不会失去。夫，句首发语词，表示下文要发议论。去，离开、失去。

dì　sān zhāng

第三章

　　接续第二章圣人"无为"的治国理念，老子在本章开始阐述"为无为，则无不治"的具体内容和运作方法。

　　在老子看来，治国理政的关键是要从为政者和民众两方面入手：为政者淡泊名利、摒弃虚荣、戒除贪欲；民众不争名逐利，安于淳朴简单、安适自在的生活。圣人要造就理想有序的政治秩序，就要从根本上减轻民众的负担，"虚其心，实其腹，弱其志，强其骨"。这很容易被人误解成老子的愚民政策，其实是没有体会到老子的深意。老子认为，权力的欲望和物欲的浮华是社会纷争混乱的根源，人越是汲汲向外追求，心灵越是轻浮躁动、焦虑不安，越容易产生祸端。因此，他提出要净化民众的心灵，减少贪欲之心，使民众内心淳朴、生活安饱、减少思虑、体魄健壮。这种理念与所谓的愚民政策有本质区别。总之，圣人依靠清静无为的原则去治理国家，循乎天道，合乎自然，天下则"无不治"。

bú shàng xián　　shǐ mín bù zhēng　　bú guì　　nán dé

不尚贤①，使民不争②；不贵③难得

zhī huò　shǐ mín bù wéi dào　bú xiàn kě yù　　shǐ mín xīn

之货，使民不为盗；不见可欲④，使民心

bú luàn

不乱⑤。

shì yǐ shèng rén zhī zhì　xū qí xīn　　shí　qí fù ruò

是以圣人之治，虚其心⑥，实⑦其腹，弱

qí zhì　　qiáng qí gǔ　　cháng shǐ mín wú zhī wú yù　　shǐ fú

其志⑧，强其骨。常使民无知无欲⑨，使夫

zhì zhě bù gǎn wéi yě　　wéi wú wéi　　zé wú bú zhì

智者不敢为也⑩。为无为⑪，则无不治。

① 不尚贤：不推崇贤能之士。尚，崇尚、推崇。② 不争：不争功名，返归自然。③ 贵：重视，珍惜。④ 不见可欲：不呈现可以引起欲望的事物。见，通"现"，呈现。可欲，足以引起欲望的事物。⑤ 使民心不乱：使老百姓的心智不被迷乱。⑥ 虚其心：使百姓内心简单、淳朴率真。⑦ 实：充实，填满。⑧ 弱其志：减少百姓过多的心志、思虑。⑨ 无知无欲：没有伪诈的心智，没有争盗的欲念，懵懂而质朴，单纯而淳厚。⑩ 使夫智者不敢为也：使那些智巧奸诈的人不敢自作主张。⑪ 为无为：以无为的方式去为，以顺任自然的态度去处理事情。

dì sì zhāng

第四章

　　本章是老子对"道"的形态与作用的论述。

　　在老子看来，"道"的本质形态原始混沌、无法言状、空虚寂然，但其作用却无穷无竭。这个虚状的道体蕴藏着无限的生命力和无尽的创造力，是天地万物生长变化的总根源和原动力。由此可见，老子提出的"道"直接否定了传统观念上的"天命观"。《礼记·表记》有"殷人尊神，率民以事神，先鬼而后礼"的记载，老子所处的时代，人们相信"鬼神""天命"。而老子提出"道"是"象帝之先"，"道"成为生生者，而非被生者。老子从哲理的高度给天命、鬼神观念以颠覆性的打击，这是思想史上一次革命性的认识飞跃。

dào chōng ① ér yòng ② zhī huò bù yíng ③ yuān ④ xī sì

道 冲①而 用②之 或 不 盈③。渊④兮，似

wàn wù zhī zōng cuò qí ruì jiě qí fēn hé qí guāng

万 物 之 宗⑤。（挫 其 锐，解 其 纷，和 其 光，

tóng qí chén zhàn xī sì huò cún wú bù zhī shuí zhī

同 其 尘⑥。）湛⑦兮，似 或 存。吾 不 知 谁 之

zǐ xiàng dì zhī xiān

子，象 帝 之 先。⑧

①冲：器物虚空。引申为空虚。古字为"盅"，训作虚。汉语有"冲虚"一词，表示淡泊、谦虚。②用：作用，功用。③不盈：能保持不盈满，无有穷尽。④渊：深幽不可测。⑤宗：根本，宗主。⑥挫其锐，解其纷，和其光，同其尘：藏匿其锋芒，化解其纠纷，收敛其光芒，混同于尘世。此节与第五十六章重复，此处疑为错简重出。马叙伦说："'挫其锐'四句，乃五十六章错简；而校者有赠无删，遂复出也。"陈鼓应说："这四句疑是五十六章错简重出，因上句'渊兮，似万物之宗'与下句'湛兮，似或存'正相对文。"⑦湛：水深的样子，深沉，形容"道"的幽隐。⑧象帝之先：道乃先天帝生，产生在万象、天帝之前，好像是天帝的宗祖。

dì wǔ zhāng

第五章

　　本章老子根据天地无所偏爱、公正无私的运行法则，提出圣人也应如天地一般公正公平；并承续前章的"道冲而用之或不盈"，以"橐籥"喻天地，阐明空无一物之"虚"其实是生生不息之"有"，提出人道要效法天道清静无为的运作模式。

　　在老子看来，天地的本质属性是"不仁"，即对生物之间弱肉强食现象不做任何干涉，让万物按照自然法则自生自灭。一旦天地充满仁慈，对生物链加以干涉和改变，就会破坏自然界的平衡，造成混乱和危机。同样的道理，圣人治国应效法天地的"不仁"，即"以百姓为刍狗"。"天地""圣人"对"万物"和"百姓"一视同仁、无所偏爱、公正无私。因为仁义孝慈原本就是人类的自然本质，无须刻意去提倡，其发乎自然，发乎本心。若刻意推崇倡导，政令烦苛，必然会扰民，造成社会混乱。

　　本章后半部分以"橐籥"喻指"天地"，与前章的"冲"却用之不盈的文义相承。天地之间如同风箱，本就是一个虚空的状态。虽为虚状，却充盈着气体，因此它的作用是绵绵不绝、无穷无尽的。在老子看来，只要人道效法天道这一运作模式，保持住清静无为的虚空状态，社会便可自然发展、生生不息。

tiān dì bù rén   yǐ wàn wù wéi chú gǒu   shèng rén

天地不仁①，以万物为刍狗②；圣人

bù rén   yǐ bǎi xìng wéi chú gǒu

不仁③，以百姓为刍狗。

tiān dì zhī jiān   qí yóu tuó yuè   hū   xū ér bù jué

天地之间，其犹橐籥④乎？虚而不屈⑤，

dòng ér yù chū

动而愈出。

duō yán sù qióng   bù rú shǒu zhōng

多言数穷⑥，不如守中⑦。

① 天地不仁：天地无心无私，无所偏爱。② 以万物为刍狗：对待万物如同人们对待祭祀用的刍狗一样，仪式结束后即将其丢弃，指听任万物自生自灭而不加干涉。刍狗，用草扎成的狗，祭祀时使用。③ 圣人不仁：圣人无所偏爱，效法天地，顺任自然。④ 橐籥：先秦时的风箱，为炉火鼓风用的工具。橐，盛物的袋子。籥，一种管形乐器。人们用皮革制成袋子，一端留有小孔插入管状物，即称为"橐籥"。⑤ 不屈：不竭。屈，衰竭、穷尽。⑥ 多言数穷：政令烦杂苛刻，就会加速国家的衰亡。言，法令、政令。多言，政令烦多，与"不言"相对。数，通"速"，迅速。穷，衰亡。⑦ 守中：保持住天地中虚静的状态。

dì liù zhāng
第六章

本章老子开始探讨"道"的永恒性和作用力。

老子用"谷神"喻指混沌状态的本原之"道","谷"指道体的虚空包容性,"神"指道生万物那绵延不绝的力量。"谷神"这个虚体孕育化生万物的方式,是通过类似于雌性兽类产仔的方式实现的,是玄妙莫测的母体本能,即"玄牝"。在这种生殖繁衍的过程中,"谷神"得以实现生命的延续,所以"不死"。因此,孕育天地万物的"道"是无形存在、永恒不变的,它的作用是生生不息、永不穷竭的。

gǔ shén bù sǐ　　shì wèi xuán pìn　　xuán pìn zhī

谷神①不死②，是谓玄牝③。玄牝之

mén　shì wèi tiān dì gēn　mián mián ruò cún　　yòng zhī bù qín

门，是谓天地根。绵绵若存④，用之不勤⑤。

①谷神：形容混沌状态的永恒存在的"道"。谷，山谷，喻指"道"的虚空幽眇。②不死：比喻变化不停竭，道体永恒不灭，道用永动不竭。③玄牝：指产生天地万物的母体，喻指"道"生育万物。玄，幽深不可测。牝，母体，古人统称所有雌性动物，即无限的生殖。④绵绵若存：指"道"的作用若隐若现、永续不绝。⑤用之不勤：指"道"运行、运用不疲殆，不穷竭。

dì qī zhāng
第七章

　　本章的前半部分是顺承前章讲"道"的恒久，后半部分则推天道以明人事，阐述圣人应效法天地无私、不争之德，方能长久。北大汉简本中，本章与前章是合为一章的。

　　在老子看来，苍天长存，大地永久，是因为天地运行、化生万物从不为自己，即天地"不自生"，只是默默地为万物创造外部环境。《礼记·孔子闲居》记载，子夏问孔子"三王之德"怎样称得上"参于天地"，孔子说"奉'三无私'以劳天下"，并解释"三无私"即"天无私覆，地无私载，日月无私照"。可见，天地无私是毋庸置疑的，"天子"或"圣人"效法天地也是必须的。所以老子说圣人"后其身而身先，外其身而身存"，不以自己的利害为出发点，大公无私，先人后己，反而能够以退为进、以屈求伸，最终以其无私、不争之德，成就最理想的生存境界，实现其自身价值。

天长地久。天地所以能长且久者，以其不自生①，故能长生②。

是以圣人后其身而身先③，外其身而身存④。非以其无私⑤邪？故能成其私⑥。

① 以其不自生：指天地的运作不为自己。② 长生：长久，即天长地久。③ 后其身而身先：将自己置身其后，反而更能得到大家的爱戴。河上公注："先人而后己者也，天下敬之先以为长。"④ 外其身而身存：把自己置身事外，反而能使自身长存。⑤ 无私：无自身，不执着自己。⑥ 成其私：成就他自己。

第八章

本章承续前几章的"谷神""玄牝""橐籥"等意象，进一步用自然之物"水"作比喻，喻指得道之人的品格和圣人治国应遵循的原则。

在老子看来，水有"八善"，其特征归纳表现为：（1）水滋润万物而不与之相争，默默奉献；（2）水甘于处在低洼污秽的地方，既可以居卑忍辱，也能够和光同尘；（3）水性柔，但是坚韧持久，具有水滴石穿之力量。老子认为圣人为政治国应该柔顺、处下、利万物而不争，从而近似于"道"。

《荀子·宥坐》中也有观水悟道、以水论道之例，其载："孔子观于东流之水。子贡问于孔子曰：'君子之所以见大水必观焉者，是何？'孔子曰：'夫水大，遍与诸生而无为也，似德；其流也埤下，裾拘必循其理，似义；其洸洸乎不淈尽，似道；若有决行之，其应佚若声响，其赴百仞之谷不惧，似勇；主量必平，似法；盈不求概，似正；淖约微达，似察；以出以入，以就鲜絜，似善化；其万折也必东，似志。是故君子见大水必观焉。'"这是以道德观念之"德""义""道""勇""法""正""察""善化""志"来赞美水性。

1993年，湖北荆门郭店楚墓中出土了一批竹简，其中有一段文字与《老子》（丙组）合抄在一起。整理者据其首句将其命名为《太一生水》，考定其成书年代在战国中后期。其开篇是："太一生水，水反辅太一，是以成天；天反辅太一，是以成地。"学界普遍认为这是一篇道家佚文。该文把宇宙的本原归为"太一"，"太一"大体相当于《道德经》里的"道"，并提出了一种十分特殊的宇宙演化模式——太一首先生成水，水与太一相互配合而生成天，天与太一相配合而生成地。"水"被认为是处于太一与天之间的兼具辅助性与创造性的存在。这是从"五行"之中将"水"独立出来并赋予其独立的作用，同时也把老子思想中的"水"提高到了宇宙创生的重要环节。学者们大都倾向于《太一生水》之"水"受到了老子有关"水论"的启示。可见，"水"在道家学说中具有特殊的意义。

上 善 若 水①。水 善 利 万 物 而 不 争，处 众 人 之 所 恶②，故 几 于 道③。

居 善 地④，心 善 渊⑤，与 善 仁⑥，言 善 信，政 善 治⑦，事 善 能⑧，动 善 时⑨。

夫 唯⑩ 不 争，故 无 尤⑪。

①上善若水：最高境界的善，其质性像水一样，利养万物而不争。河上公注："上善之人，如水之性。"吴澄注："上善，第一等至极之善，有道者之善也。"②处众人之所恶：指水总是停留在众人所厌嫌的卑下潮湿之处。③几于道：接近"道"的境界。④居善地：指得道之人能像水一样甘心处于卑下的地方，也可以很适宜。⑤心善渊：内心如深水一样沉静而幽深。⑥与善仁：与人交往能像水那样亲善仁爱。⑦政善治：为政治国能像水一样有条不紊。⑧事善能：做事情能像水一样因势利导、发挥所能。⑨动善时：行动起来能像水一样顺天应时，善于把握时机。⑩唯：正因为，恰恰是。⑪无尤：不招致怨恨。

第九章

　　本章是老子关于人生哲学与政治哲学的分析，重点和结论在最后一句"功遂身退，天之道也"。

　　在老子看来，人若贪恋权位名利，处于"盈、锐、满、骄"等极端的状态，知进不知退，善争不善让，就会给自己留下祸根，不能长久。这也是老子基于物极必反、物壮必老的辩证思维得出的结论。因此，老子告诫人们要适可而止，见好就收，功成名就不自居，主动谦让告退，敛藏锋芒长保。《管子·白心》"持而满之，乃其殆也。名满于天下，不若其已也。名进而身退，天之道也"之言，与老子在本章的论述相似，都是先贤们借助自身经验思考、体悟出来的深刻哲理，是中华民族长久积淀下来的智慧结晶。

持而盈之，不如其已①。揣而锐之②，不可长保③。金玉满堂，莫之能守。富贵而骄，自遗其咎。功遂④身退⑤，天之道⑥也。

① 持而盈之，不如其已：执持盈满，不如适可而止。持而盈之，保持盈满、居盛不衰，含有骄傲自满之意。已，停止。② 揣而锐之：锻打兵刃使之尖锐，含有显露锋芒的意思。揣，捶击、锻打。锐，使……尖锐。③ 不可长保：不可长久保有。保，藏蓄、保有。④ 功遂：成就功业。河上公本"功遂"作"功成名遂"。⑤ 身退：收敛锋芒。⑥ 道：正道，正大光明的法则。

dì shí zhāng
第十章

老子在本章用六个反问句，逐次阐明了修身与治国的基本理念。

从个人的修身养性入手，先做到积聚精气，达到精神和形体合而为一的状态；进而化致柔顺，达到婴儿般的柔纯之质；再进而摒除妄见以澄清心灵，使之清明如镜，无一点瑕疵。三个步骤，层层深入。从社会政治领域入手，要求为政者做到知雄守雌、知巧守拙，甘守其柔、甘居卑下，清静无为、澄澈通达。如此，才符合"道"孕育万物而不加主宰的属性，才是最高的美德，才可以承担治理国家的重责。

zài yíng pò bào yī　néng wú lí hū　　tuán qì zhì róu

载营魄抱一，能无离乎①？专气致柔，

néng rú yīng ér hū　　dí chú xuán lǎn　néng wú cī hū

能如婴儿乎②？涤除玄览，能无疵乎③？

ài mín zhì guó　néng wú zhì hū　　　tiān mén kāi hé　néng wéi

爱民治国，能无知乎④？天门开阖，能为

cí hū　　　míng bái sì dá　néng wú wéi hū

雌乎⑤？明白四达，能无为乎⑥？

shēng zhī xù zhī　shēng ér bù yǒu　wéi ér bú shì zhǎng

（生之畜之。生而不有，为而不恃，长

ér bù zǎi　shì wèi　xuán dé

而不宰，是谓"玄德"。⑦）

①载营魄抱一，能无离乎：神形合而为一，能够始终不分离吗。载，语气助词，无实义。营魄，精魂与形体。抱，合。一，道。②专气致柔，能如婴儿乎：集聚精气以至柔顺，能达到像婴儿一样骨弱筋柔的状态吗。专，集中、积聚。③涤除玄览，能无疵乎：清除杂念使心灵明澈深邃，能做到没有瑕疵吗。涤除，清除杂念。④爱民治国，能无知乎：爱护民众，治理国家，能够放弃运用巧智吗。知，同"智"，智慧。⑤天门开阖，能为雌乎：感官开合，去感受外界，能够居柔守雌，不耗散本真吗。天门，指人的口眼耳鼻舌等感官。开阖，开启和闭合。雌，雌柔、清虚。⑥明白四达，能无为乎：明白事理、通达四方，能做到清净无为吗。⑦生之畜之。生而不有，为而不恃，长而不宰，是谓"玄德"："道"创生并养育万物。创生万物却不据为己有，养育万物却不居功自持，长养万物却不妄加主宰，这是最深远幽妙的德。此节重见于第五十一章，此处疑为错简重出。

第十一章

　　老子在本章以车、陶器、房屋等日常事物作喻，形象辩证地阐述了"有""无"的关系及其功用。这是老子辩证思想中十分重要的哲学范畴。

　　车毂中空，才能行驶；器皿中空，才能盛物；房屋中空，才能居住。"有"所能给人们提供的种种便利，完全依靠"无"而存在并发挥其作用。第二章中，老子曾根据事物对立统一的辩证关系提出"有无相生，难易相成，长短相形，高下相盈，音声相和，前后相随"等一系列现象。那作为器物实体的"有"和器物所形成的空间的"无"，当然也是相互依存、相互对立的统一体。在老子看来，"无"是"道"之体，"有"为"道"之用，"有"依赖"无"得以存在和发挥，两者相互依存、相互为用。

　　世人皆沉迷于对有形物质的追逐和贪求，以对有形物质占有的多少作为衡量成功与否的唯一标准。老子却强调"无之以为用"，物质层面的俭约、心性层面的纯朴，方为长久之道。

sān shí fú gòng yì gǔ　　dāng qí wú　 yǒu chē zhī yòng

三十辐共一毂①，当其无，有车之用②。

shān zhí yǐ wéi qì　　dāng qí wú　yǒu qì zhī yòng　　záo hù

埏埴以为器③，当其无，有器之用④。凿户

yǒu　　yǐ wéi shì　dāng qí wú　 yǒu shì zhī yòng

牖⑤以为室，当其无，有室之用。

gù yǒu zhī yǐ wéi lì　wú zhī yǐ wéi yòng

故有之以为利，无之以为用⑥。

①三十辐共一毂：一个车轮有三十根辐条，都集中连接在车轮中心的一个轮毂上。辐，车轮中连接轴心和轮圈的木条。古时的车轮由三十根辐条所构成，这个数目取法于月数。《周礼·考工记》载："轮辐三十，以象日月也。"毂，车轮中心的木制圆孔，用于插车轴的地方。②当其无，有车之用：正因为车毂中间的空洞圆圈，车轮上的轴得以在其中旋转，才有了车的作用。无，指毂的中空之处。③埏埴以为器：用水调和陶土，做成罐、盆、碗等饮食器皿。埏，和。埴，土。④当其无，有器之用：正因为器皿中间的空无，陶器才能发挥其功用。⑤凿户牖：开凿门和窗。⑥有之以为利，无之以为用："有"给人们带来了便利，是由于"无"在其中起了作用。

第十二章

　　前章老子讲"无之以为用"，强调保持物质俭约、心性纯朴的重要性。本章则直接提出"圣人为腹不为目"，强调为政者要"为腹"，即保持简单素朴的需求，崇尚内在的感受，而不可"为目"，即追求炫人耳目的外在诱惑。

　　老子指出，如果沉湎于声色犬马的物欲生活，过于寻求口腹等感官的享受，穷奢极欲、淫逸放荡，就会使身体受到损害，使心灵激扰不安，会给社会带来弊害。这些理念，与《墨子·非乐》反对为政者"亏夺民意之财"以满足"目之所美，耳之所乐，口之所甘，身体之所安"的理念是一致的。老子呼吁为政者要遵循大"道"的原理，在物质方面知足知止，清心寡欲，返璞归真。这对于现代社会依然具有十分重要的警示作用。

wǔ sè lìng rén mù máng　　wǔ yīn lìng rén ěr lóng
五色令人目盲①，五音令人耳聋②，
wǔ wèi lìng rén kǒu shuǎng　　chí chěng tián liè　　lìng rén xīn
五味令人口爽③。驰骋畋猎④，令人心
fā kuáng　　nán dé zhī huò　　lìng rén xíng fáng
发狂⑤；难得之货，令人行妨⑥。

shì yǐ shèng rén wèi fù bú wèi mù　　gù qù bǐ qǔ
是以圣人为腹不为目⑦，故去彼取
cǐ
此⑧。

①五色令人目盲：色彩缤纷使人眼花缭乱。五色，指青、赤、黄、白、黑。②五音令人耳聋：沉迷音乐使人听觉不灵。五音，指宫、商、角、徵、羽。③五味令人口爽：饮食肥甘使人口舌溃烂。五味，指酸、苦、甘、辛、咸。④畋猎：田猎逐射。⑤心发狂：内心因兴奋而躁动，迷失自我。⑥行妨：违背德行，损害他人。妨，损害。⑦为腹不为目：只求温饱，不求声色等感官享受。"腹"与"目"代表两种不同的生活方式。"为腹"是向内求，只满足简单素朴的需求，不追求炫人耳目的外在诱惑；"为目"则是向外求，追求外在的感官享受。王弼注："为腹者，以物养己；为目者，以物役己。"⑧去彼取此：摒弃物欲的诱惑，持守安足的生活。

第十三章

　　承续前章摒弃外在诱惑、持守安足生活的理念，本章老子继续讲身心修养问题，提出了"贵身""爱身"说，并引申到身国同治，阐明身心安顿对治国理政的重要意义。

　　老子认为，治理天下之人首要在于摒弃虚荣浮名，在"宠""辱""得""失"等外界毁誉的干扰下，依然保持内心的澄净自在，保持其人格尊严，能够不为物所累，不患得患失，不妄为。在此基础上，他提出了"贵身""爱身"，即珍视身体、爱重生命。只有珍重一己之身，爱惜一己生命，才能珍重他人的生命，爱重他人的生命，才能以珍爱身体的恭谨态度去治理天下，人们才可以放心地把天下的重责托付于他。所以，身心的康健和安顿，是为政治国的基本素养。

chǒng rǔ ruò jīng　　guì dà huàn ruò shēn　　hé wèi chǒng
宠 辱 若 惊①，贵 大 患 若 身②。何 谓 宠

rǔ ruò jīng　　chǒng wéi xià　　dé zhī ruò jīng　shī zhī ruò
辱 若 惊？宠 为 下③，得 之 若 惊，失 之 若

jīng　shì wèi chǒng rǔ ruò jīng　　hé wèi guì dà huàn ruò shēn
惊，是 谓 宠 辱 若 惊。何 谓 贵 大 患 若 身？

wú suǒ yǐ yǒu dà huàn zhě　wèi wú yǒu shēn　　jí wú wú
吾 所 以 有 大 患 者，为 吾 有 身④；及 吾 无

shēn　wú yǒu hé huàn
身，吾 有 何 患⑤？

gù guì yǐ shēn wéi tiān xià　ruò kě jì tiān xià　ài yǐ
故 贵 以 身 为 天 下，若 可 寄 天 下；爱 以

shēn wéi tiān xià　ruò kě tuō tiān xià
身 为 天 下，若 可 托 天 下⑥。

①宠辱若惊：获得荣耀和遭受屈辱都惴惧不安、惊恐不宁。宠，荣耀。辱，耻辱。河上公注："身宠亦惊，身辱亦惊。"王弼注："宠必有辱，荣必有患，宠辱等，荣患同也。"②贵大患若身：重视身体如同重视大的祸患。贵，重视、珍贵。③宠为下：获得荣耀是不光荣的、卑下的。释德清说："世人皆以宠为荣，却不知宠乃是辱。"④吾所以有大患者，为吾有身：我所以有大的祸患就源于有这个身体。⑤及吾无身，吾有何患：我如果没有这血肉之躯，还会有什么祸患呢。及，如果、若。此句含有警惕之意，并不是要人弃身或忘身，相反的，正因身体会遭祸患，才需要人贵身、爱身。⑥贵以身为天下，若可寄天下；爱以身为天下，若可托天下：以重视身体的态度去治理天下，才可以把天下寄托给他；以爱惜身体的态度去治理天下，才可以把天下托付给他。若，于是。

第十四章

　　本章是对"道"初始形态的描绘。老子用他富有个性的抽象玄远的语言，描绘了"道"似有若无、似显若隐的状态。林语堂先生在其《老子的智慧》一书中为本章命题为"太初之道"，颇为切题。

　　"道"在太初阶段，看不到其形状，听不到其声音，触不到其实体，只能作为"一"去理解。这个"一"既不光亮也不阴暗，无边无际又无始无终，混混沌沌又恍恍惚惚，忽前忽后而变动不居。这一切生动抽象的描绘，皆为说明"道"是超越了人类一切感觉和知觉的客观存在。

　　同时，这个"道"又是"古始"。老子说"执古之道，以御今之有。能知古始，是谓道纪"，对这个"古始"的状态有所了解，才能把握住"道"的纲纪。范应元说："虚通之道，自古固存，当持此以理今之事物也。能知自古生物之始，此乃常道之纲纪。执古道以御今，如纲有纲纪而不紊也。"因此，秉承亘古已有的"道"，并知晓"道"的普遍规律和基本原理，便可以洞悉、驾驭当今的万事万物。

shì zhī bú jiàn　míng yuē　yí　　　tīng zhī bù wén
视之不见，名曰"夷"①；听之不闻，

míng yuē　xī　　　bó　zhī bù dé　míng yuē　wēi
名曰"希"②；搏③之不得，名曰"微"④。

cǐ sān zhě bù kě zhì jié　　gù hùn ér wéi yī　　qí shàng
此三者不可致诘⑤，故混而为一⑥。其上

bù jiǎo　　qí xià bú mèi　　mǐn mǐn xī bù kě míng　　fù
不皦⑦，其下不昧⑧，绳绳兮不可名⑨，复

guī yú wú wù　　　shì wèi wú zhuàng zhī zhuàng wú wù zhī xiàng
归于无物⑩。是谓无状之状，无物之象，

shì wèi hū huǎng　　yíng zhī bú jiàn qí shǒu suí zhī bú jiàn
是谓惚恍⑪。迎之不见其首，随之不见

qí hòu
其后。

zhí gǔ zhī dào　　yǐ yù jīn zhī yǒu　　néng zhī gǔ shǐ
执古之道，以御今之有⑫。能知古始⑬，

shì wèi dào jì
是谓道纪⑭。

---

①夷：指就视觉而言，"道"没有任何颜色。②希：指就听觉而言，"道"没有任何声音。③搏：触摸。④微：指就触觉而言，"道"无形无象、无法触摸。⑤致诘：究诘，追究。⑥混而为一：水乳交融，合为一体。任继愈说："'一'，即是'道'。"⑦皦：明亮。⑧昧：昏暗。⑨绳绳兮不可名："道"渺茫难辨、绵延不绝，无法加以命名。绳绳，绵绵不绝。⑩复归于无物：还原成看不到的物体状态，即"道"。复归，还原、返本归始。⑪惚恍：若有若无，闪烁不定。⑫执古之道，以御今之有：执守这亘古已有的"道"，用以洞悉、驾驭当今事物的实相。⑬能知古始：能够认识和体察宇宙的本原、初始。古始，太古之始，此处指"道"。⑭道纪："道"的纲纪，即"道"的规律、本质。

dì shí wǔ zhāng
第十五章

　　在本章，老子通过对体"道"之士品质风范的形象描绘，寄托了自己对理想人格的敬仰和真诚向往。

　　老子用了"豫""犹""俨""涣""敦""旷""混"等七个形容词来描绘他心目中深远通达的体"道"之士。他们处事谨慎戒惕、端庄亲切、敦厚旷达、浑朴安静；他们能够以静制动、以清制浊，保持空虚而不盈满。虽然他们举动保守，却能不断获得新的成就。老子最后特别强调了"保此道者不欲盈"，无论是"动"是"静"都不可以过度，"动盈"会导致无序紊乱，"静盈"会导致故步自封。体"道"之人可以通过动静转化，保持内心的澄净平衡。

gǔ zhī shàn wéi shì zhě　　wēi miào xuán tōng　　shēn bù
古之善为士者①，微妙玄通②，深不

kě shí　　fú wéi bù kě shí　　gù qiǎng wèi zhī róng　　　yù
可识③。夫唯不可识，故强为之容④：豫

xī ruò dōng shè chuān　　yóu xī ruò wèi sì lín　　yǎn xī
兮，若冬涉川⑤；犹兮，若畏四邻⑥；俨兮，

qí ruò kè　　huàn xī　　qí ruò bīng zhī jiāng shì　　dūn xī
其若客⑦；涣兮，其若冰之将释⑧；敦兮，

qí ruò pǔ　　kuàng xī　　qí ruò gǔ　　hùn xī　　qí ruò zhuó
其若朴；旷兮，其若谷；混兮，其若浊。

shú néng zhuó yǐ jìng zhī xú qīng　　　shú néng ān yǐ dòng
孰能浊以静之徐清⑨？孰能安以动

zhī xú shēng　　　bǎo cǐ dào zhě　　bú yù yíng　　　fú wéi bù
之徐生⑩？保此道者，不欲盈⑪。夫唯不

yíng　　gù néng bì ér xīn chéng
盈，故能蔽而新成⑫。

① 善为士者：有道的为政者。② 玄通：深远通达。③ 深不可识：幽深不可识别。④ 强为之容：勉强加以形容、描述。⑤ 豫兮，若冬涉川：小心翼翼，如冬天渡河一样。豫，原为象一类的野兽，生性好疑，这里指迟疑、谨慎的样子。⑥ 犹兮，若畏四邻：警觉戒备，如戒备四方的进攻一样。犹，原指猴一类的野兽，性怯机灵，这里指警觉、戒惕的样子。⑦ 俨兮，其若客：端庄严肃，就像在做客一样。俨，端庄、严肃的样子。客，王弼本作"容"，河上公本、郭店竹简本、帛书本、北大汉简本等后世版本均作"客"，陈鼓应认为是"容"字与"客"字形近而误。据其上下文义，此处作"客"。⑧ 涣兮，其若冰之将释：身心放松，如凝结的冰凌融化。涣，自在随意的样子。南宋白玉蟾将这种冰凌融化的意象理解为"心开神悟"。⑨ 孰能浊以静之徐清：谁能让内心的躁动、混乱澄静下来，使之慢慢地清澈澄明。⑩ 孰能安以动之徐生：谁能在安逸中逐渐动起来，焕发生机与活力。⑪ 不欲盈：不超过限度而满溢。盈，盛满、溢出。⑫ 蔽而新成：革故鼎新。蔽，通"敝"，陈旧、保守之意。

第十六章

　　前章讲到体"道"之士可以动静转化保持平衡，本章承续此言，又提出了"观复"和"归根"，即循环往复、回归本始。

　　老子首先提出"致虚极"和"守静笃"，这两者都是"观复"之前的过程。这与《庄子·人世间》所讲的"心斋"、《庄子·大宗师》所讲的"坐忘"意思相近，都属于道家体"道"悟"道"的一个必经过程。老子认为，心灵虚寂到极致，保持最高度的凝神内守，才可以观照到自然的往复循环，才可以由感官的观察上升到心性的直观，进而观照到道体的运行过程。因此，老子主张以虚空宁静的立场与态度，顺随天地万物的自然变化，超越功利，达至大道。为政者在治理国家、处理社会事务时遵循这一原则，可观照到万物的运行及其规律，便不会轻举妄为，便可以坦然大公，无偏无私，包容一切。

致虚极，守静笃①。万物并作②，吾以观复③。

夫物芸芸，各复归其根④。归根曰静，静曰复命⑤。复命曰常⑥，知常曰明⑦。不知常，妄作凶⑧。

知常容，容乃公⑨，公乃王⑩，王乃天⑪，天乃道，道乃久⑫，没身不殆⑬。

①致虚极，守静笃：臻于空明，持守清静，以体悟宇宙万物的极限。致，推致。极，极致、顶点。②并作：一起生成活动。③观复：观察万物之循环往复。复，返，往复循环。④夫物芸芸，各复归其根：万物生长得非常茂盛，都各自回归到他们的本原。芸芸，众多，形容草木的繁盛。⑤复命：复归本原、本性，顺应自然之意。⑥常：万物运动变化中永恒不变的规律。⑦明：洞察、明晰归根及复命的恒常规律。⑧妄作凶：虚妄而躁动就十分凶险。妄，轻举妄动。⑨容乃公：兼容并包就能公正无私、无所偏倚。容，兼容并包。公，公正无私、无所偏倚。⑩公乃王：公正无私、不偏不倚则天下依从、万物归往。王，天下依从、万物归往。⑪王乃天：万物归往则顺应天地自然。⑫天乃道，道乃久：顺应自然才能合乎大"道"，契合于"道"才能长久。⑬没身不殆：终身免于危殆。殆，危险。

老子在本章中提出了其心目中最理想的政治模式，表达了顺应自然、清静无为的治国理念。

首先，老子将社会政治管理模式划分为四层：最上乘的模式是百姓只依稀意识到为政者的存在，但由于为政者从不妄发施令，从不过多干涉，百姓既不知其是谁，也没有丝毫的压力；次一等的是百姓都要去歌颂、赞誉为政者；再次一等的是百姓都畏惧、害怕那些暴君；最差的是百姓都轻慢、蔑视为政者。其次，老子特别提到了"信不足，焉有不信焉"。林语堂在《老子的智慧》中说："最末一等的国君，以权术愚弄人民，以诡诈欺骗人民，法令不行，人民轻侮他。这是什么缘故呢？因为这种国君本身诚信不足，人民当然不相信他。"老子将"信"作为一项重要的治国原则，认为只有以"信"治国，方可获得百姓的信任。最后，老子提出其最理想的政治模式：为政者遵循"道"柔弱虚无的状态，"贵言"却有"信"，最大限度地由百姓自然、自化，从而上下亲睦、安闲自适。如此则能够实现第五十七章所提及的理想政治图景："我无为，而民自化；我好静，而民自正；我无事，而民自富；我无欲，而民自朴。"

太上^①，下知有之^②；其次，亲而誉之^③；其次，畏之；其次，侮之。信不足，焉有不信焉^④。

悠兮^⑤其贵言^⑥。功成事遂^⑦，百姓皆谓："我自然^⑧。"

①太上：最好、至上，指最好的治理模式。②下知有之：人民只知道为政者的存在而已。③亲而誉之：人民亲近、赞誉为政者。④信不足，焉有不信焉：为政者诚信不足，因此失去了人民的信任。第一个"焉"字解释为"于是"；第二个"焉"字是语气助词，无意义。此句据马叙伦《老子校诂》句读。⑤悠兮：悠闲静默的样子。⑥贵言：以言为贵，形容不轻易发号施令。⑦遂：完成，成功。⑧自然：自己本来如此。

dì shí bā zhāng
第十八章

　　前章老子提出了自己理想的政治模式，本章则直接由理想回归现实，分别从家、国的层面上指出了现实社会存在的种种问题。

　　在老子看来，仁义、孝慈、忠诚等美德，本是出乎天性，不必刻意强调的。之所以需要被宣导，正是由于国家动荡、社会混乱、世风浇薄、奸伪丛生，人们本有的良知正日渐丧失。老子入木三分地指出：在大道废止的情况下，才不得不宣扬仁义；在六亲不和的情形下，人们才会认识到孝慈的可贵；在国家动荡不安的状态下，真正的忠臣才得以彰显。即一个社会越是推崇、颂扬某种美德，恰恰说明这个社会目前越缺乏这种美德。《庄子·外篇·马蹄》亦有言："道德不废，安取仁义！性情不离，安用礼乐！"这些观点不仅表现出老子深刻的辩证思想和针砭现实的批判精神，还含有深刻的历史启示意义。

dà dào fèi　yǒu rén yì　　huì zhì chū　yǒu dà wěi
大道废，有仁义①；慧智出，有大伪②；

liù qīn bù hé　yǒu xiào cí　　guó jiā hūn luàn　yǒu zhōng chén
六亲不和，有孝慈③；国家昏乱，有忠臣④。

①大道废，有仁义：大道废止了，才不得不宣扬仁义来治理。废，废止、废殆。郭店竹简本、帛书乙本、北大汉简本皆作"大道废，安有仁义"。②慧智出，有大伪：聪明智巧出现了，才会有严重的伪诈。郭店竹简本无此句，或为传抄过程中掺入的衍文。裘锡圭在《老子今研》中说："此句应是在（郭店）简本之后的时代添加进去的，并非《老子》原本所有。"③六亲不和，有孝慈：六亲不和的情况下，才见出孝慈的可贵。六亲，父、子、兄、弟、夫、妇。④国家昏乱，有忠臣：国家动荡不安的状态下，忠臣才得以彰显。昏乱，上有昏君，下有乱民。

dì shí jiǔ zhāng

第十九章

　　本章可看作前两章的续篇。第十七章讲政治理想，第十八章讲社会现实，本章讲如何通过社会治理达到理想政治状态。在新出版的北大汉简《老子》中，这三章是合为一章出现的，可见其联系密切。

　　本章与前章老子立论都有破有立，先破而后立。前章讲"道"被废置被抛弃了，才会提倡所谓的"仁义"，家庭不睦，才会提倡所谓的"孝慈"；而本章讲要弃绝三种"文饰"，即"圣、智""仁、义"和"巧、利"，并且还提出了积极的、建设性的治国理念——为政者要引导百姓在价值观上有所归属，持守纯朴，为政者本身也要少私寡欲、无为清静，才会使人们得享安定的世道，才能恢复良好的社会风气，才能真正进入天下大治的理想境界。本章在某种意义上可以看作老子开出的治世安民的药方。

绝圣弃智①，民利百倍；绝仁弃义②，民复③孝慈；绝巧弃利④，盗贼无有。此三者⑤，以为文不足⑥。

故令有所属⑦：见素抱朴⑧，少私寡欲。

① 绝圣弃智：弃绝聪明和智巧。郭店竹简本作"绝智弃辨"。此句与下文"绝仁弃义""绝巧弃利"皆用了互文修辞手法，应理解为弃绝"圣、智"、弃绝"仁、义"、弃绝"巧、利"。王弼注："圣、智，才之善也。"② 绝仁弃义：弃绝仁义。王弼注："仁义，行之善也。"③ 复：回归。④ 绝巧弃利：弃绝巧诈和私利。王弼注："巧利，用之善也。"⑤ 此三者：指弃绝"圣、智"、弃绝"仁、义"、弃绝"巧、利"。⑥ 以为文不足：是用来文饰、补救不足的。⑦ 属：归属。⑧ 见素抱朴：外表率真单纯，内心纯朴敦厚。见，通"现"，显现、呈现。抱，抱持、持守。素，指没有染色的丝。朴，指没有雕琢的木。

dì èr shí zhāng
第二十章

　　本章可以看作老子的一幅自画像。老子以"我"为第一人称，生动形象地描绘了"我"与"众人""俗人"的差异和对立，表达了自己的无为自在、淡泊宁静的生活态度和人生追求。

　　"俗人"皆以名利之心去观照万物，以美丑善恶之固化思维去衡量万物，所以其"昭昭"且"察察"，整日熙熙攘攘，纵情声色，精明算计，志得意满；但是"我"因为绝弃了繁杂的知见，消除了固有的妄执，所以"昏昏"且"闷闷"，整日孤单漂泊，懵懂木讷，愚顽鄙陋，抱朴守拙。究其根本，老子最后点明："我独异于人，而贵食母。""我"是慕道、遵道、从道之人，"我"所重视和追求的是顺应自然、回归生命的本质。

绝学无忧①。唯之与阿②，相去几何？善之与恶③，相去若何？人之所畏，不可不畏④。

荒兮，其未央哉⑤！众人熙熙⑥，如享太牢⑦，如春登台⑧。我⑨独泊⑩兮，其未兆⑪，如婴儿之未孩⑫。傫傫兮，若无所归⑬。众人皆有余⑭，而我独若遗⑮。

① 绝学无忧：弃绝繁杂的知见，回复纯朴和至简，可以去除烦扰。② 唯之与阿：恭敬与怠慢相比。唯，恭敬唯诺的答应。阿，通"呵"，懈怠轻慢的答应。之与，即"与"，表示两者相比。郭店竹简本、帛书本作"唯之与呵"。③ 善之与恶：善良与罪恶。善，郭店竹简本、帛书甲本作"美"。④ 人之所畏，不可不畏：众人所畏惧的，我也不能不畏惧。郭店竹简本、帛书本作"人之所畏，亦不可以不畏人"。⑤ 荒兮，其未央哉：苍茫无边的样子，好像没有尽头。未央，没有尽头、无边无际。⑥ 熙熙：兴高采烈、志得意满的样子。⑦ 太牢：古代人用牛、羊、猪三牲为祭品的祭祀典礼，此处比喻享受丰盛的宴席。⑧ 如春登台：如同春天登上高台欣赏美景。⑨ 我：此处指与"道"对话的我，而不是与世俗对话的"我"。⑩ 泊：淡泊，宁静。⑪ 未兆：没有迹象。兆，表征、迹象。⑫ 未孩：没有嬉笑。孩，帛书乙本作"咳"。《说文解字》："咳，小儿笑也"。⑬ 傫傫兮，若无所归：孤单失落的样子，好像无处可依。傫傫，孤单失落。⑭ 有余：丰足有余，形容志得意满、洋洋得意的样子。⑮ 若遗：好像有所欠缺，形容丧气失意的样子。遗，借作"匮"，指不足、匮乏。

我愚人①之心也哉！沌沌兮②！俗人昭昭③，我独昏昏④；俗人察察⑤，我独闷闷⑥。淡兮，其若海⑦，飂兮，若无止⑧。众人皆有以⑨，而我独顽且鄙⑩。我独异于人，而贵食母⑪。

---

①愚人：淳真、质朴之人。②沌沌兮：混沌无知的样子。河上公注："无所分别。"③昭昭：头脑清晰。④昏昏：糊涂愚昧。⑤察察：算计精明，锱铢必较。⑥闷闷：思虑凝滞，懵懵懂懂。⑦淡兮，其若海：形容幽深的思虑如同沉静的大海。淡兮，淡泊沉静的样子。北大汉简本作"惚兮，其如晦"。⑧飂兮，若无止：形容急风下飘忽不定又一无所系的样子。飂，急风、高风。帛书本作"望呵，若无所止"，北大汉简本作"恍兮，其无所止"。⑨有以：有所依凭。⑩顽且鄙：顽固而且愚陋。⑪食母：养育万物的母亲，此处指滋养万物的"道"。食，养育。王弼注："食母，生之本也。"河上公注："食，用也。母，道也。我独贵用道也。"

第二十一章

　　本章是老子论"道"的重要篇章，以抽象的语言描述了"道"的形象与性质，揭示了"道"的基本特点，并且论及"道"与"德"的关系。

　　首句"孔德之容，惟道是从"便将"道"与"德"的关系作了界定："道"与"德"是主从关系，"德"须依从于"道"。在老子看来，"道"是混沌模糊而又变化莫测的，但在幽冥暗昧之中，"道"却赋予万物一些基本属性——有极其模糊的形态，有极其细微的物质，有幽远神秘的精气，有相互交流的信息，即"有象""有物""有精""有信"。这便是无形的"道"作用于有形万物时所表现的形态，称为"德"。严灵峰在《老庄研究》中说："'德'就是'道'的形式，'道'就是'德'的内容，两者是互相依存的。若是没有'道'，便不会有'德'的功用；没有'德'，也不能显现'道'的力量。"此言甚是。所以，"道"是通过"德"得以显现的，而只有通过"德"，才可以观照到"道"是万物的本始，是万物生生不息的根源。

kǒng dé zhī róng　　wéi dào shì cóng
孔 德 之 容①，惟 道 是 从②。

dào zhī wéi wù　wéi huǎng wéi hū　　　hū xī huǎng xī
道 之 为 物，惟 恍 惟 惚③。惚 兮 恍 兮，

qí zhōng yǒu xiàng　　huǎng xī hū xī　qí zhōng yǒu wù
其 中 有 象④；恍 兮 惚 兮，其 中 有 物⑤。

yǎo xī míng xī　　qí zhōng yǒu jīng　　qí jīng shèn zhēn　　qí
窈 兮 冥 兮⑥，其 中 有 精⑦；其 精 甚 真⑧，其

zhōng yǒu xìn
中 有 信⑨。

zì gǔ jí jīn　　qí míng bú qù　　yǐ yuè zhòng fǔ
自 古 及 今⑩，其 名 不 去⑪，以 阅 众 甫⑫。

wú hé yǐ zhī zhòng fǔ zhī zhuàng zāi　　yǐ cǐ
吾 何 以 知 众 甫 之 状 哉？以 此⑬。

①孔德之容：大德的样态与运作。孔，大、盛。德，"道"的显现与作用。容，运作、样态。一种解释为"动"，王弼注"动作从道"，古代"容"与"动"音义相通；一种解释为"容貌、样子"。②惟道是从：永远遵循着道而运作。③道之为物，惟恍惟惚：作为万物本原的"道"呈现变幻莫测、若有若无的样子。帛书本、北大汉简本作"道之物"。物，形色、形态。④象：形象，迹象。⑤物：物质。⑥窈兮冥兮：深远暗昧。窈，微不可见。冥，深不可测。⑦精：运动着的、具有能量或生命力的最微小的原质。⑧其精甚真：这最微小的能量原质是真切而运作着的。真，真切，切实存在且运作。⑨信：信验、信实，"道"及其化生的万物各自具有的属性，是万物相互交流、感应的基础。⑩自古及今：从远古时期到当今。王弼本与河上公本作"自古及今"，帛书本、郭店竹简本、北大汉简本等均作"自今及古"。⑪其名不去：万物由"道"获得的属性一直没有离去。河上公注："道常在不去。"⑫以阅众甫：以观察万物的本源。阅，观察。甫，本源、开端。王弼注"众甫，物之始也"，河上公注"父，始也"。帛书本、北大汉简本作"众父"。⑬以此：就是依据上述的特征，指"象""物""精""信"。

dì èr shí èr zhāng

第二十二章

　　老子在本章阐述了一种人生哲理，提出一系列待人处事的原则。

　　他首先基于自己对社会人生的观察，讲述了事物相反相成、对立转化的道理：专注局部反而能够把握住整体，弯曲反而能够伸直，低洼反而能够充盈，破旧反而能够生新，少取反而会多得，贪多反而会落空。这里充分体现了老子的朴素辩证思想。因此，圣人要以辩证发展的、全局统一的"道"的范式去处事，不要总是以自我为中心，要"不自见""不自是""不自伐""不自矜"，要以"曲则全"的辩证方式实现"明""彰""有功""长"等众人所追求的状态。圣人知雄守雌、委曲求全、以退为进、欲取先予、守"道"不争，则"天下莫能与之争"。

曲则全①，枉则直②，洼则盈③，敝④则新，少则得，多则惑⑤。

是以圣人抱一⑥为天下式⑦。不自见⑧，故明；不自是，故彰⑨；不自伐，故有功⑩；不自矜，故长⑪。

夫唯不争，故天下莫能与之争。古之所谓"曲则全"者，岂虚言哉⑫！诚全而归之⑬。

①曲则全：专注局部反而能够最终把握住整体。曲，事物的局部、一部分。②枉则直：暂时弯曲反而能达成最终的端正。枉，弯曲。③洼则盈：低洼深陷的地方，才能够积水盈满。④敝：凋敝，陈旧。⑤多则惑：纷繁多样反而让人无所适从、陷入迷惑。河上公注："财多者惑于所守，学多者惑于所闻。"⑥抱一：抱执固守"道"。一，指"道"。王弼本与河上公本作"抱一"，帛书本、北大汉简本作"执一"。⑦式：法式，范式。河上公注："式，法也。圣人守一，乃知万事，故能为天下范式。"⑧自见：自我炫耀，自我彰显。见，通"现"，炫耀、彰显。吴澄注："自见，犹云自炫。"⑨不自是，故彰：不自以为是，反而能够是非昭彰。⑩不自伐，故有功：不自我夸耀，反而能够功劳卓著。伐，夸耀。⑪不自矜，故长：不自我矜持，反而能够成为尊长。⑫岂虚言哉：怎么会是一句空话呢。虚言，空话，经不起推敲的言辞。⑬诚全而归之：它切切实实是能够达到的。归，归属，天下皆归属于"道"。

dì èr shí sān zhāng

第二十三章

　　老子在第十七章中曾提出"贵言""自然"，在本章他又提出了"希言自然"，皆为表达一种政治理念，即为政者少声教法令之治，多清静无为之政，百姓处于安然舒适的自然状态，方能长久。

　　老子以天地之暴风雨喻指人间之暴政：天地尚且使得狂风刮不到一个早晨，暴雨下不了一整天，严刑峻法、苛捐杂税的暴政又岂能持久？高亨在《老子注译》中说："老子指出：王侯用狂暴的政治手段压迫人民，就绝不会长久，只有效法于宇宙自然之道、自然之德、自然之天，使万民各得其生，各得其养，那就可以与道、德、天比美了。"因此，尊道贵德方为正途。而"同于道""同于德"之"同"也是指一种和合、感通、融洽的状态。为政者尊道贵德，百姓才会安居乐业，社会风气才会安宁平和，才是"同于道者，道亦乐得之；同于德者，德亦乐得之"。

xī yán zì rán
希言① 自然。

gù piāo fēng bù zhōng zhāo zhòu yǔ bù zhōng rì
故飘风② 不终朝③，骤雨④ 不终日⑤。

shú wéi cǐ zhě tiān dì tiān dì shàng bù néng jiǔ ér
孰为此者？天地。天地尚不能久，而

kuàng yú rén hū
况 于人乎？

gù cóng shì yú dào zhě tóng yú dào dé zhě tóng
故 从事于道者，同于道⑥；德者，同

yú dé shī zhě tóng yú shī tóng yú dào zhě dào yì
于德；失⑦ 者，同于失。同于道者，道亦

lè dé zhī tóng yú dé zhě dé yì lè dé zhī tóng
乐得之⑧；同于德者，德亦乐得之⑨；同

① 希言：寡言，引申为不施加政令、法令。 ② 飘风：暴风。吴澄注："飘，狂疾也。"③ 终朝：从天亮到上午十时左右，一个完整的早晨。《左传·僖公二十七年》杜预注："终朝，自旦及食时也。"春秋时代人们一天只吃两顿饭，"食时"相当于上午十时左右。④ 骤雨：急雨，暴雨。吴澄注："骤，急暴也。"⑤ 终日：从早晨到傍晚，一整天。吴澄注："自旦至暮时为终日。"⑥ 故从事于道者，同于道：故而遵循"道"的人，与道和合感通。同，和合、感通、融洽。⑦ 失：失道，失德。⑧ 同于道者，道亦乐得之：言行举止遵循"道"的人，"道"也会乐于与之和合感通。王弼注："言随其所，故同而应之。"此句帛书本无。北大汉简本作："故同于道者，道亦得之。"⑨ 同于德者，德亦乐得之：言行举止遵循"德"的人，"德"也会乐于与之和合感通。帛书乙本作："同于德者，道亦德之。"北大汉简本无此句。

于失者，失亦乐得之①。（信不足，焉有
不信焉②。）

_{yú shī zhě shī yì lè dé zhī}
_{xìn bù zú yān yǒu}
_{bú xìn yān}

① 同于失者，失亦乐得之：失道悖德的人，"道"与"德"也会抛弃他。帛书乙本与北大汉简本作"同于失者，道亦失之"。② 信不足，焉有不信焉：为政者诚信不足，因此失去了人民的信任。马叙伦《老子校诂》认为此节为第十七章误衍，错简重出。楼宇烈校释："此节经文与注均为十七章文误衍于此。长沙马王堆三号汉墓出土帛书《老子》甲乙本均无此节经文可证。"今据帛书本加括号标注。

dì èr shí sì zhāng

第二十四章

　　本章与第二十二章具有内在关联，湖南长沙马王堆汉墓帛书《老子》甲、乙本都将两章合为一篇，并将本章置于第二十二章之前，可见两章的确具有相同的含义。

　　第二十二章从正面说明"不自见""不自是""不自伐""不自矜"的益处，本章则从反面指出"自见""自是""自伐""自矜"的危害。老子用一正一反的论说方式，辩证地说明自以为是、目空一切、独断专行、躁进膨胀不仅会使自己身败名裂，也会给国家、社会、民众带来深重的苦难，必然导致"物或恶之"。尊"道"之人应秉持谦恭退让、虚静无为的处世之道，以避免身处此种危险境地。可见，本章与第二十二章都是在阐述一种社会人生哲理。

企者不立①；跨者不行②；自见者③不明；自是者④不彰；自伐者无功⑤；自矜者不长⑥。

其在道也，曰：余食赘行⑦。物或恶⑧之，故有道者不处⑨。

①企者不立：踮起脚跟站立的人难以站稳。企，会意字，本意是踮起脚跟。河上公本作"跂"，字义同。帛书本、北大汉简本作"炊"。②跨者不行：大跨步欲快走，结果反而难以走远。跨，迈开大步快走。③自见者：自我表现、凸显自我的人。见，通"现"，表现、凸显。④自是者：自以为是的人。⑤自伐者无功：自我夸耀的人，无法以此邀功。⑥自矜者不长：自我矜持、盛气凌人之人，反而做不了首领。⑦余食赘行：剩饭残羹和赘瘤。赘，赘疣，泛指多余、累赘之物。行，通"形"。⑧恶：厌恶。⑨有道者不处：得道之人都不会这样做。不处，不居于此，不这样做。

第二十五章

　　本章是老子论"道"的重要篇章，他以精辟的语言论述了"道"的形成、特征、作用、属性、运动变化规律等诸多问题。

　　首先，老子再次强调"道"是先于天地而存在的，是宇宙中一个原始混沌、质朴圆融的和谐体。当今科学界的宇宙生成论认为，早期宇宙是由微观粒子构成的均匀气体组成，后来发生宇宙大爆炸，这些气态物质凝聚，逐渐形成宇宙恒星和行星体系。而在两千多年前的老子认为，天地未形成之前，宇宙处于元始混沌、抽象质朴的状态。老子称之为"道"。这个浑然一体的"道"中蕴蓄阴阳二气，这二气同属宇宙的原始质地。阴阳二气交合激荡，清者上升而为天，浊者下降而为地，逐渐形成一种均衡和谐的状态，并由此化生万物。可见，老子有关"道"生天地的思考与现代科学的观察和认识有着相似之处，都表现为由抽象到具体、由宏观到微观的不断分化和繁衍。

　　其次，老子提出"道"既没有声音，也没有形体，它不依靠外力而独立存在，循环往复、周流无隙、终而复始、永不停息，并且，"道"在广度和宽度上是无限延展的，它渗透一切、无所不在、漫无际涯、无所不容。因此，只能以"大"来勉强为它命名。人类的社会活动不过是"道"运行过程中的衍化，"大曰逝，逝曰远，远曰反"便是描述"道"的运行过程和轨迹。

最后，老子指出"道"的本质属性就是自然。这个自然，并非客观的大自然，也不是具体存在的东西，而是一种自然而然的状态。"道"自身即如此，大道纯任自然。既然"道"是天地万物之本源，那么人们的社会活动就应该遵循取法于它的本质属性，即取法"自然"。具体地说，无论是治国理政还是为人处世都应该顺应它自身的发展规律，从而找到人生的安身立命之处。

有物混成，先天地生①。寂兮寥兮②，独立而不改③，周行而不殆④，可以为天下母⑤。吾不知其名，强字之曰"道"⑥，强为之名曰"大"⑦。大曰逝⑧，逝曰远，远曰反⑨。

①有物混成，先天地生：有个浑然一体、阴阳未分之物，在混沌之中自然生长，出现在天地形成之前。物，指"道"。混成，浑然一体、混沌质朴的状态。王弼注："混然不可得而知，而万物由之以成，故曰混成也。"②寂兮寥兮：既没有声音，也没有形体。寂兮，静而无声。寥兮，动而无形。河上公注："'寂'者，无声音。'寥'者，空无形。"③独立而不改：独立于万物之外，并且运行恒常稳定，不因任何外物作用而改变，形容道的绝对性和永存性。王弼注："无物之匹，故曰独立也。返化终始，不失其常，故曰不改也。"改，更改、改变。④周行而不殆：循环往复而永不停息。周，循环运行。殆，通"怠"，废殆、停息。郭店竹简本、帛书本均无此句，北大汉简本作"遍行而不殆"。⑤可以为天下母：可以把"道"视为化育万物的母体。帛书本、北大汉简本均作"天地母"。⑥字：动词，命名。⑦大：形容"道"的无边无际、无所不包。⑧逝：指"道"的行进、发展。王弼注："逝，行也。"⑨远曰反：达到极致则返回原点。远，极。曰，则。反，通"返"，返回、复归。

故　道　大，天　大，地　大，王　亦　大^①。　域^②

中　有　四　大，而　王　居　其　一　焉。

人　法　地，地　法　天，天　法　道，道　法　自　然^③。

① 道大，天大，地大，王亦大："道""天""地""王"都具有能量大、作用广、对万事万物具有限定性和影响力的特性。王弼本、河上公本、帛书本均为此顺序，郭店竹简本与北大汉简本顺序为"天大，地大，道大，王亦大"。"王亦大"，以上诸本均同，另有傅奕本、范应元本作"人亦大"，认为这样才能和下文的"人法地，地法天，天法道，道法自然"衔接。其实这并不矛盾，因为"王"即是作为"人"的代表出现的。王弼注"天地之性人为贵，而王是人之主也"，已清楚地解答了这个问题。② 域：指一个抽象的区域、范围。③ 道法自然：道顺应自己内在的本然状态，自己如此。河上公注："'道'性自然，无所法也。"法，效法。自然，自己本身的样子，这里指"道"本身。

dì èr shí liù zhāng
第二十六章

　　老子在本章将目光投向了社会政治领域，提出治国理政应当持重守静、稳定根基，并告诫为政者浮躁冒进、轻率妄动、奢恣轻淫、无事生非是悖逆自然之道的行径，会丧失政权。

　　老子首先分析了重与轻、静与躁两组矛盾，指出重是轻的根基，静是躁的主导，应当持重守静。然后描写了君王行则不远其辎重，止则外有城垣宫观。有辎重粮草则心安，有城墙护卫则从容。君王关注其根本，稳定其根基，不尚轻浮，不可躁动。厚重静定是为政者修身治国的根本，符合自然之道。

重 为 轻 根，静 为 躁 君①。

是 以 圣 人 终 日 行 不 离 辎 重②。虽 有 荣 观③，燕 处④ 超 然。奈 何 万 乘 之 主⑤，而 以 身 轻 天 下⑥？

轻 则 失 本，躁 则 失 君⑦。

① 重为轻根，静为躁君：厚重是轻浅的根基，清净是躁动的主宰。王弼注："凡物，轻不能载重，小不能镇大。不行者使行，不动者制动。是以重必为轻根，静必为躁君也。"② 是以圣人终日行不离辎重：因此圣人整日在外行走，都不会远离其装备和粮食。辎重，随军的器械、粮草。《汉书·韩安国传》颜师古注："辎，衣车也；重谓载重物车也。故行者之资，总曰辎重。"《孙子兵法·军争篇》载："是故军无辎重则亡。"圣人，帛书本、北大汉简本皆作"君子"。③ 荣观：高墙环绕的宫馆。④ 燕处：悠闲安享之处所，或指政事场所之外的生活休息之处。⑤ 万乘之主：大国的君主。乘，兵车。甲士三人、步卒七十二人，加上战车及四匹马，称为一乘。帛书本、北大汉简本作"万乘之王"。⑥ 以身轻天下：以轻浅无根基之身来治理天下。轻，轻浅、轻燥。河上公注："王者至尊，而以身行轻燥乎？疾时王奢恣轻淫也。"⑦ 轻则失本，躁则失君：轻浅就失去了根基，躁动就丧失了统御和主宰。严遵《老子指归》说："言君好轻躁，如树之根本摇动。根动摇，则枝木枯而槁矣。人主不静，则百姓摇荡。宗庙倾危，则失其国君之位也。"

第二十七章

　　承续前章"持重守静"的治国理念，本章老子以人们熟知的几种事物为喻，引申出"善"的理念。

　　"善行""善言""善数""善闭""善结"五类言行，都是依乎天道、顺乎自然、水到渠成、因势利导的，是作用于万物却不留痕迹的。老子认为，每个人、每件事物都有其独特的属性和功用，圣人治国应该既不弃人亦不弃物，无所偏私，有容乃大，处无为之政，行不言之教。老子在第四十九章论圣人之心时又提出"善者吾善之，不善者吾亦善之，德善。信者吾信之，不信者吾亦信之，德信"，在第六十二章更是直抒胸襟："人之不善，何弃之有？"与本章的论述相结合，我们可以体会到老子宽大博爱的胸怀。他继而提出，若能以本明的智慧观照世间的人和物，做到人尽其才、物尽其用，便可达到"袭明"的境界。此外，老子还以辩证的观念来看待和分析善恶，并且提出以善者为师，以不善者为资鉴，有道之人应该"贵其师""爱其资"。

善行，无辙迹①；善言，无瑕谪②；善数③，不用筹策④；善闭，无关楗⑤而不可开；善结，无绳约⑥而不可解。

是以圣人常善救人，故无弃人⑦；常善救物，故无弃物。是谓袭明⑧。

故善人者，不善人之师；不善人者，善人之资⑨。不贵其师，不爱其资，虽智大迷⑩，是谓要妙⑪。

①善行，无辙迹：善于行走的，车辙马迹无从寻觅，指圣人行事顺乎自然，随道而行，毫无人为痕迹。帛书本、北大汉简本皆作"善行者……善言者……善数者……善闭者……善结者……"，探讨的对象是人。王弼本、河上公本作"善行……"，探讨的对象是行为、行事。②瑕谪：本义为玉上的斑痕，引申指缺点、过失、疵病。③数：计算。河上公本"数"作"计"。④筹策：古时候计数的器具。⑤关楗：门上的栓梢，横的为"关"，竖的为"楗"。帛书本作"关籥"。⑥绳约：绳索。吴澄注："绳约，索也。合而成体曰绳，用而束物曰约。"⑦是以圣人常善救人，故无弃人：所以圣人知人善任，使万物各规其性，故没有废置之人。⑧是谓袭明：承袭、顺应人与物自然本性可谓高明。袭，承袭、顺应。⑨不善人者，善人之资：不善之人，也可以作为善人的取资和借鉴。资，取资、借鉴。⑩虽智大迷：虽然自以为聪明，也必然陷入迷茫。⑪要妙：精妙的要领。帛书本作"妙要"。

dì èr shí bā zhāng
第二十八章

老子在本章中阐述了其"知雄守雌"的治国理念，并强调通过这样的理念可以达到返璞归真、天下大治的目的。

老子通过知雄守雌、知白守黑、知荣守辱三组文字，层层深入地表明自己的观点——甘居柔弱、退守无争、谦恭卑下、明哲保身，才是持守本性、皈依大道、回归质朴的正确选择。但老子的"守"并非退缩，而是含有隐忍、敛藏、蛰伏的意思，是积蓄力量、酝酿趋势、等待机会。这就如同一个婴儿，没有任何私欲污染，充满无限的希望和未来；也如同溪涧山谷，各类动植物归依生长，充满无限繁茂生命的可能。老子三提"复归"——"复归于婴儿""复归于无极""复归于朴"，都指向同一个境界，即摒弃一切杂念，遵从自然，遵从大道，都是指圣人应该遵循的无私欲、甘心奉献一切的美好品德。圣人虽持守"雌""黑""辱"，但却谨守"雄""白""荣"，是以静制动、以柔克刚、以不变应万变，是居于最妥当的地方掌控全局，是君主南面之术，合乎时机、顺应自然。

知其雄，守其雌①，为天下豀②。为天下豀，常德③不离，复归于婴儿④。

知其白，守其黑，为天下式。为天下式，常德不忒，复归于无极⑤。知其荣，守其辱⑥，为天下谷。为天下谷⑦，常德乃足，复归于朴⑧。

朴散则为器⑨，圣人用之，则为官长⑩。故大制不割⑪。

① 知其雄，守其雌：深知刚劲雄强，却谨守柔弱。 ② 豀：山中的溪涧，象征谦下涵容。王弼注："豀不求物，而物自归之。"③ 常德：恒常存在的德，这里指天赋的本性。帛书本作"恒德"。④ 复归于婴儿：在每次发展、壮大之后，又回复到类似于婴儿的状态。⑤ 知其白，守其黑，为天下式。为天下式，常德不忒，复归于无极：深知光明的状态，却谨守黑暗，为天下的规范、法则。作为天下的模则，恒常之德便不会有差错，就可以重新回归混沌原始的境界。易顺鼎、马叙伦、高亨等分析，"守其黑，为天下式。为天下式，常德不忒，复归于无极。知其荣"六句为传抄过程中的衍文。"守其辱"之"辱"有"黑"意，正与"知其白"相对应。⑥ 辱：深黑。⑦ 谷：山谷，空谷。《尔雅·释水》疏文引宋均："有水曰豀，无水曰谷。"⑧ 常德乃足，复归于朴：（身处天下的山谷之位）美德就永远充足，就可以复归最自然的本始状态。常，恒常，帛书本作"恒"。朴，未经雕琢、加工的材料，这里指本始状态。⑨ 朴散则为器：最原始质朴的材料就可以做成各种器具。⑩ 官长：行政区域的主管官吏，这里指百官之首长，即君主。⑪ 大制不割：完善的治理模式因顺乎自然而不会刻意地划分界限、人为地加以割裂。帛书本作"夫大制无割"。

dì èr shí jiǔ zhāng
第二十九章

　　承续前几章，老子在本章重申"无为"治国的重要性，反对贪欲和胡作妄为。本章并没有出现"无为"二字，只是在讲"有为"的危害，从反面证明了"无为"的必要性。

　　开篇老子就向为政者贪心不足、欲壑难填的轻举妄动提出警告："天下神器，不可为也。为者败之，执者失之。"在老子看来，世间万物的多样性、世人性情的多元性都是"道"本质属性的自然体现，"或行或随，或歔或吹，或强或羸，或挫或隳"，皆不能按照同一个标准去衡量和要求，更不可以用严酷的刑法去命令和禁止。强力操纵、暴力把持，都是自取败亡之举。所以，圣人施政一定要守正不偏颇、敛藏不奢侈、清静不过度，顺任自然、顺应民情、尊重规律、因势利导。如此，方可"无为而无不为"。

将欲取①天下而为②之，吾见其不得已③。天下神器④，不可为也。为者败之，执者失之⑤。

夫物或行或随⑥，或歔或吹⑦，或强或羸⑧，或挫或隳⑨。

是以圣人去甚，去奢，去泰⑩。

①取：治理。②为：作为、有为，与"无为"相对。③不得已：得不到，无法达到目标。已，语气词，通"矣"。④天下神器：天下是神圣的器物。河上公注："器，物也。"⑤为者败之，执者失之：强力妄为的，会使天下毁坏；妄图加以主宰的，反而会失去天下。⑥或行或随：有的积极前行，有的消极尾随。行，前行。随，后随。⑦或歔或吹：有的轻嘘，有的急吹，这里指有的性情和缓，有的性格急躁。歔，出气缓。吹，出气急。⑧或强或羸：有的刚强，有的羸弱。⑨或挫或隳：有的个别地方弯折，有的全部毁灭。挫，弯折。隳，毁坏。河上公本作"或载或隳"，帛书本作"或培或堕"。⑩去甚，去奢，去泰：去除极端的、奢侈的、过度的东西。河上公注："甚谓贪淫声音，奢谓服饰饮食，泰谓宫室台榭。"甚，极端的。奢，奢侈的。泰，过度的。

第三十章

  本章是老子反战思想的重要体现。老子所主张的清静无为、贵柔守雌的政治理念，也直接影响到老子对待战争的立场与态度——尊重生命，珍惜自然，反对和抨击各种形式的战争。

  《孟子·尽心下》讲"春秋无义战"。老子生活的春秋时期，各诸侯国连年征战，大国崇尚武力、恃强凌弱、疲敝民力、荒废耕作，社会动荡不安，百姓流离失所。老子目睹这一社会现实，看到百姓因战争遭受的苦难，对那些穷兵黩武的诸侯们提出声讨，并且一针见血地指出战争双方或胜或败皆是受害者。败者国破家亡，生灵涂炭，胜者同样是伤残累累，触目惊心，双方付出的代价都是极其惨重的。因胜利而"矜""伐""骄""强"毫无必要。因此，老子用朴素辩证法提出"物壮则老"、盛极必衰，即凭借武力称雄，举兵逞强，虽横行一时，但终将自食其果，自取灭亡。

以道佐①人主者，不以兵强②天下。其事好还③。师之所处，荆棘生焉④。大军之后，必有凶年⑤。

善有果而已⑥，不敢以取强。果而勿矜⑦，果而勿伐⑧，果而勿骄，果而不得已⑨，果而勿强。

物壮则老⑩，是谓不道⑪，不道早已⑫。

① 佐：辅佐，辅助。② 强：称雄，称霸。③ 其事好还：用兵这件事一定会得到报复。好，容易。还，报应、报复。郭店竹简本作"其事好"，置于章末"果而不强"句后。④ 师之所处，荆棘生焉：战火所及之处，生灵涂炭，荒废耕作，田地颗粒无收，长满荆棘。师，用兵。此两句郭店竹简本缺。⑤ 大军之后，必有凶年：战争过后，必定会导致饥荒灾年。此两句帛书本、北大汉简本皆缺。⑥ 善有果而已：为济世救民而起的战争达到预期效果便立即停止、罢战。果，实现目标。已，停止、罢战。⑦ 矜：骄横矜夸，自大自负，不可一世。⑧ 伐：夸耀吹嘘。⑨ 果而不得已：凭借战争而实现目的，也是不得已而为之。⑩ 物壮则老：生命壮大到极点必然趋于衰败。这里指凭借战争称霸，虽称雄一时，最终必然失败，走向其反面。壮，武力称雄。王弼注："武力兴暴。"⑪ 不道：不合于大道。⑫ 早已：早早灭亡。"物壮则老，是谓不道。不道早已"，此三句重见于第五十五章。姚鼐《老子章句》认为这一章此三句是衍文。裘锡圭、彭浩同此说。

第三十一章

　　本章承续前章对于战争的反对和抨击，同为老子反战厌武观念的集中体现。

　　老子在本章中通过两种事物阐述自己的反战思想。首先是装饰精美的兵器，在老子看来是"不祥之器""非君子之器"。那些热衷于打胜仗的"是乐杀人"，不会得志于天下。其次是丧礼的仪式，从战争和丧礼都崇尚右边的方位，来说明战争乃"凶事"，"战胜，以丧礼处之"。因战争本质上是令人悲痛哀伤的，是违背自然本性的极致行为，所以要尽量避免战争。即便是为除暴安民，万不得已用兵，也不应该以兵逞强，炫耀武力，忘乎所以，那会受到"天道"的惩罚，而应该怀着哀痛的心情去对待，并且以丧礼的仪式来处理，这才是符合"天道"与"人道"的作为。

夫佳兵者①，不祥之器，物或恶之，故有道者不处②。

君子居则贵左，用兵则贵右③。兵者不祥之器，非君子之器，不得已而用之，恬淡为上④。胜而不美⑤，而美之者，是乐杀人⑥。夫乐杀人者，则不可以得志于天下矣⑦。

①夫佳兵者：那些装饰精美的兵器，这里指用兵、战争。帛书本作"夫兵者"，北大汉简本作"夫魕美"。②物或恶之，故有道者不处：世人都憎恶它，得道的人不使用它。或，此处有"一般而言"的意思。不处，不使用。帛书甲本、北大汉简本作"物或恶之，故有欲者弗居"。③君主居则贵左，用兵则贵右：君子平时居住以左方为贵，用兵时以右方为贵。古代人们认为左阳右阴，阳生而阴杀。④恬淡为上：对战争的最好态度是冷漠、淡漠。吴澄注："'恬'者不欢愉，'淡'者不浓厚。谓非其心之所喜好也。"⑤胜而不美：打了胜仗也不觉得值得赞美。美，以之为美。⑥是乐杀人：这是以杀人为乐事。是，这、这样。乐，以……为乐。⑦则不可得志于天下矣：就不可能为天下人所拥护。

jí shì shàng zuǒ xiōng shì shàng yòu piān jiāng jūn jū

吉 事 尚 左，凶 事 尚 右①。偏 将 军 居

zuǒ shàng jiāng jūn jū yòu yán yǐ sāng lǐ chǔ zhī shā rén

左，上 将 军 居 右，言 以 丧 礼 处 之②。杀 人

zhī zhòng yǐ āi bēi qì zhī zhàn shèng yǐ sāng lǐ chǔ zhī

之 众，以 哀 悲 泣 之；战 胜，以 丧 礼 处 之③。

① 吉事尚左，凶事尚右：吉庆之事以左为上，丧亡之事以右为上。《礼记·檀弓上》载："二三子皆尚左。"郑玄注："丧尚右，右，阴也。吉尚左，左，阳也。"吉事，先秦时期，祭、祀、冠、婚、娶等活动称为吉事。尚，以……为上，崇尚。② 偏将军居左，上将军居右，言以丧礼处之：偏将军处左方，掌管杀伐的上将军处右方，这种安排的意思是出兵打仗要遵循丧礼的仪式。③ 战胜，以丧礼处之：战争胜利了，要遵循丧礼的仪式来凭吊。

dì sān shí èr zhāng
第三十二章

　　本章重在论"道"，阐述了"道"无名而质朴的特征，以及其主宰万物、滋润万物、无所偏私、均衡平等的属性，提出为政者若能效法"道"，天下人就会归往。

　　在《道德经》中，老子多次提到"朴"，如第十五章"敦兮，其若朴"，第十九章"见素抱朴"，第二十八章"复归于朴""朴散则为器"等。在老子论"道"的一些章节中，诸如"混沌""恍惚"等词也是与"朴"有着内在关联。老子常用"朴"来形容"道"最原始质朴的状态。而"始制有名"之后，就有了一切外来的价值判断，就容易偏离"朴"。因此，就需要严格遵守各自的界限，各守本分，有所节制，以避免危险。

　　老子提出"甘露"的意象，来说明"道"的运化细微幽隐，天地阴阳交合之时，天下万物都在不知不觉中受其滋润、惠泽。故而"道"虽"小"虽"朴"，但"天下莫能臣也"。推天道而明人事，圣人治国也应顺自然之道，行无为之政，节制爱民，没有偏私地惠泽百姓。如此，百姓便可以安然自足，找到归宿，即所谓以"道"驭民，其民自化。

dào cháng wú míng ①，朴 ②。虽 小 ③，天 下 莫
能 臣 ④。侯 王 若 能 守 之 ⑤，万 物 将 自
宾 ⑥。天 地 相 合，以 降 甘 露 ⑦，民 莫 之
令 而 自 均 ⑧。

始 制 有 名 ⑨，名 亦 既 有，夫 亦 将 知
止 ⑩，知 止 可 以 不 殆 ⑪。

譬 道 之 在 天 下，犹 川 谷 之 于 江 海 ⑫。

---

① 道常无名：永恒存在的"道"既无任何形状也无任何属性，故无从命名。王弼注："道，无形不系，常不可名。以无名为常，故曰'道常无名'也。"常，帛书本、北大汉简本作"恒"。② 朴：本始状态，这里指天地形成之前"道"的本始混沌的状态。③ 虽小：形容"道"至精至微，幽隐不可见。郭店竹简本作"虽细"，北大汉简本作"唯小"。④ 天下莫能臣：天下也不能使之臣服，即天下也不能凌驾于"道"之上。帛书本、郭店竹简本作"天地弗敢臣"。臣，屈从、臣属，这里是名词的使动用法，使之臣服，使之听命于己。⑤ 侯王若能守之：侯王如果能持守遵循"道"而为政。侯王，指当时的统治者。⑥ 自宾：自然而然地宾服于"道"。宾，服从、归顺。⑦ 天地相合，以降甘露：天地阴阳之气和合、交融、激荡，从而降下甘露。⑧ 民莫之令而自均：没有谁施加命令而自然均平于万物，形容以"道"驭民，其民自化。⑨ 始制有名：随着万物开始产生、运作，就出现了各种相应的名称加以区分。制，产生并运作。有名，产生相应的名称。⑩ 知止：知道限度所在，能够适可而止，及时罢手。止，停止。⑪ 殆：危险，危害。⑫ 譬道之在天下，犹川谷之江海："道"在天下的位置，就如同江海是山谷溪流的归往之处。王弼注："川谷之江海，非江海召之，不召不求而自归者。行道于天下者，不令而自均，不求而自得，故曰'犹川谷之于江海'也。"

dì sān shí sān zhāng
第三十三章

老子在本章阐述了人的自身修养和自我完善问题。

在老子看来，知人、胜人固然重要，但自知、自胜更重要。能够认识自我、摆正自己的位置，才是真正的英明；能够战胜自我、超越自我，才拥有真正的力量。知道满足、清心寡欲的人是真正的富足者；努力行动、坚持不懈的人是真正的有志者。本章未有一字提及"道"，却字字不离"道"，"自知""自胜"是符合"道"的俭啬原则，而"不失其所"即不失"道"的根基。遵循和坚守"道"方可长久，因为大"道"永存。

zhī rén zhě zhì　　zì zhī zhě míng
知人者智①，自知者明②。

shèng rén zhě yǒu lì　zì shèng zhě qiáng
胜人者有力，自胜者强。

zhī zú zhě fù
知足者富。

qiáng xíng　zhě yǒu zhì
强行③者有志④。

bù shī qí suǒ zhě jiǔ
不失其所者久⑤。

sǐ ér bù wáng zhě shòu
死而不亡者寿⑥。

①智：聪颖。②自知者明：能够认识自我、摆正自己位置的人才是真正的明智。王弼注："知人者智而已矣，未若自知者超智之上也。"可见，"自知"比"知人"更为重要、可贵。③强行：努力行动，身体力行。④志：志向，信念。⑤不失其所者久：不偏离其所立足之地才能长久。所，根本、基础。⑥死而不亡者寿：肉体虽死，但是其精神不死、信仰不亡，这才是永恒的生命。王弼注："身没而道犹存。"帛书乙本作："死而不忘者寿也。"

dì sān shí sì zhāng

第三十四章

　　本章与第二十一章、第二十五章、第三十五章等，同属老子论"道"的重要篇章。本章与第三十五章侧重于讲"道"的作用。

　　在老子看来，"道"既"大"之无垠，又"小"之无形。第二十五章说"强为之名曰'大'"，讲的是"道大"，"道"广阔无边、无所不容。本章开篇也说"大道氾兮，其可左右"，将"道"的宏大气势展露无遗。但本章又说"道""可名于小"，这里的"小"指的是"道"无所不在、无所不至，作用于任何细微之处。"道"化生了万物，却不将万物据为己有；"道"滋养了万物，却始终处于无欲无念、渺小卑微的状态。然而，万物都皈依于"道"，反而成就其高尚伟大。老子在本章虽然讨论的是抽象的"道"，但是蕴含于其中的道理可以启示人生。

dà dào fàn xī　　qí kě zuǒ yòu　　　wàn wù shì zhī ér

大道氾兮，其可左右①。万物恃之而

shēng ér bù cí　　　gōng chéng bù míng yǒu　　　yì yǎng　　wàn

生 而 不 辞②，功 成 不 名 有③。衣 养④ 万

wù ér bù wéi zhǔ　　cháng wú yù　　kě míng yú xiǎo　　wàn

物 而 不 为 主⑤，常 无 欲⑥，可 名 于 小⑦；万

wù guī yān　　　ér bù wéi zhǔ　　kě míng wéi dà　　yǐ qí zhōng

物 归 焉⑧ 而 不 为 主，可 名 为 大。以 其 终

bú zì wéi dà　　gù néng chéng qí dà

不 自 为 大，故 能 成 其 大⑨。

①大道氾兮，其可左右：形容"道"无所不在，无所不载，无所不育。氾，广泛，本义是水向四处漫流，此处形容"道"流布广泛。②万物恃之而生而不辞：万物依凭"道"兴起、生长，而"道"却不会推辞。帛书本作"万物归焉而弗为主"，北大汉简本作"万物作而生弗辞"。恃，依赖、凭借。辞，推辞。③功成不名有：成就功业而不将其命名为自己所有。名，命名。有，占有。④衣养：养育，庇护。⑤主：主宰，操控。⑥常无欲："道"恒常没有私欲。帛书本作"恒无欲也"。一说此句为衍文。⑦可名于小：可以称它为"小"。王弼注："万物皆由道而生，既生而不知其所由。故天下常无欲之时，万物各得其所，若道无施于物，故名于小矣。"《说文解字》："小，物之微也。"⑧归焉：归附于"道"。⑨以其终不自为大，故能成其大：因为"道"始终不自以为大，所以才能成就它的伟大。

dì sān shí wǔ zhāng
第三十五章

　　本章可视为老子对"道"的一首深情颂歌。他顺承前章对"道"作用的描述，感慨人们对"道"的依归，颂扬"道"给人们带来了平安康宁的生活。

　　"执大象"即圣人守大"道"。第十四章有言"是谓无状之状，无物之象，是谓惚恍"，第四十一章有言"大象无形"，都是在说"道"的本始状态是无形无迹、超言绝相、不易察觉的，但其所发挥的作用却是源源不断、无穷无尽的。相对于第十二章所谓"五色、五音、五味"的物欲生活，遵"道"的方式不会像悦耳的音乐和甘美的佳肴般刺激感官，促成欲望，而是"淡乎其无味""视之不足见""听之不足闻"的。然而"道"的作用不可穷尽，意蕴深远，如同一个取之不竭的宝藏。依归大"道"者，修身则身心康宁，治国理政则普天之下万民归依、平和安泰。

执大象①，天下往②。往而不害③，安平太④。

乐与饵⑤，过客止⑥。道之出口⑦，淡乎其无味，视之不足见，听之不足闻，用之不足既⑧。

①执大象：遵循执守大道。河上公注："'象'，道也。"王安石注："大象者，道之喻。"②天下往：天下万民都归往依顺。王弼注："主若执之，则天下往也。"河上公注："圣人守大道，天下万民移心归往之也。"往，归往。③害：伤害。④安平太：平和安泰。安，乃、于是。太，通"泰"，安泰。⑤乐与饵：音乐与美食。蒋锡昌在《老子校诂》中说："乐即五音，饵即五味。此言五音与五味，虽使过客止而贪之，然其结果必至耳聋口爽，故终不若守道之可以久也。"⑥过客止：过往、路过的人都驻足停下脚步。止，驻足。⑦出口：用言语表述。⑧用之不足既：虽然"道"平淡无味，也不悦人耳目，但是作用是没有穷尽的。帛书本、河上公本作"用之不可既"。既，穷尽、用完。

第三十六章

　　本章是借助四组相互对立的自然事物阐发治国理念，充分体现了老子的朴素辩证思想。

　　张极必歙，弱极必强，兴极必废，与极必夺，说明事物是既相互对立又相反相成、互相转化的，并且说明了"物极必反"的道理。当事物发展到某一极限时，必然会向相反的方向发展，所谓"否极泰来""弱能胜强，柔能克刚"亦为此理。范应元在《老子道德经古本集注》中说："张之、强之、兴之、与之之时，已有歙之、弱之、废之、取之之几伏在其中。几虽幽微，而事已显明也。故曰'微明'。"事物在对立转化时都有细微的先兆可寻。所以为政者应当注意观察，及早发现这种先兆，制定相应的措施。总之，韬光养晦、以退为进、以柔克刚，才是有效的治国谋略。

将欲歙^①之，必固张之^②；将欲弱之，必固强之；将欲废之，必固兴之^③；将欲夺之，必固与之^④。是谓微明^⑤。

柔弱胜刚强^⑥。鱼不可脱于渊，国之利器不可以示人^⑦。

① 歙：收敛，闭合。② 必固张之：必须先暂且使它张开。固，通"姑"，姑且、暂且。③ 将欲废之，必固兴之：想要废除它，必须先使它兴起。废，废除，帛书本作"去"。兴，兴起、兴盛，帛书本作"与"，北大汉简本作"举"。④ 将欲夺之，必固与之：想要夺取它，必须先暂且给予它。与，给予。⑤ 微明：幽微却又显而易见的。微，本义日月亏缺。明，本义日月盈满。⑥ 柔弱胜刚强：甘处柔弱的一方，最终能够战胜强大的一方。因为事物都处于不断变化、循环往复的状态，盛极必衰，这是自然的规律和法则。⑦ 国之利器不可以示人：治国之道不可以轻易展示于人。利器，本义锐利有用的器具，此处指治国之道，河上公注为"权道"。示，展示。

dì sān shí qī zhāng

第三十七章

　　本章作为《道经》的末篇，具有特殊的地位。因为老子在本章中提出了"道"的核心理论，即"道常无为而无不为"，并且通过"天道"自然、真朴柔静的属性，申论"人道"无为，则社会自定。这些理论充分反映了老子的政治理想。

　　"无为"在《道德经》中共有三个层次的概念："无为""为无为""无为而无不为"。"无为"是第一层，"道"是自然无形、虚静恬淡的；"为无为"是第二层，天地万物得以运行生育，无一事不是"道"所为，即"无为"的效果体现；"无为而无不为"则更进一层，"道"顺任自然，万物将自我发展、自我完成，"无为"而自化。这三层，层层递进，成为老子"道"思想体系的主轴。在老子看来，为政者应效法天道的顺任自然以辅养万物，用顺任人性的方式来处理政务，以潜移默化的方法来教导民众，不妄加干预、搅扰，让民众自我化育、自我实现。

dào cháng wú wéi ér wú bù wéi　　hóu wáng ruò néng shǒu

道常无为而无不为①。侯王若能守

zhī wàn wù jiāng zì huà　　huà ér yù zuò　　wú jiāng zhèn

之，万物将自化②。化而欲作③，吾将镇

zhī yǐ wú míng zhī pǔ

之以无名之朴④。

wú míng zhī pǔ fú yì jiāng wú yù　　bú yù yǐ

无名之朴，夫亦将无欲⑤。不欲以

jìng tiān xià jiāng zì dìng

静，天下将自定⑥。

①道常无为而无不为："道"永远顺其自然，不妄自作为，却无一事不是"道"所为。郭店竹简本、北大汉简本作"道恒无为"，帛书本作"道恒无名"。无为，顺其自然，不妄为。王弼注："顺自然也。"无不为，指没有一件事不是"道"所为的，是"无为"产生的结果。②自化：按照自然的本性自行化育。③化而欲作：化育过程中欲念萌生。欲，欲念。作，萌生。④吾将镇之以无名之朴：我将用名号未有之时的真朴状态，即"道"，来镇抚化解它。镇，镇抚、化解，郭店竹简本作"贞"，帛书本作"阗"。无名之朴，指"道"。林语堂在《老子的智慧》中释义："在万物生长繁衍的过程中，难免有欲心邪念，这时惟有以道的本质'无名之朴'，来克服这种情形的发生。"此论较符合老子本意。⑤无欲：根绝各种欲念。河上公本作"不欲"，帛书本、北大汉简本作"不辱"，郭店竹简本作"知足"。⑥不欲以静，天下将自定：没有欲念而归于宁静，天下自然归于安定。自定，自然复归于安定，帛书本、北大汉简本作"自正"。

dì sān shí bā zhāng

第三十八章

本书"导言"有述：传世本《道经》是上卷，《德经》是下卷。《道经》始于"道可道，非常道"，从第一章至三十七章；《德经》始于"上德不德，是以有德"，从第三十八章至第八十一章。而马王堆帛书本和北大汉简本则始于《德经》之"上德不德"，即本章。作为传世本《德经》的首章、帛书本的卷首、北大汉简本《老子·上经》的第一章，本章具有的深刻含义和重要价值是显而易见的。

老子在本章提出其哲学体系中的另一基本范畴——德。"德"是"道"的基本特征和外在表现形式。在老子看来，"上德"是顺任自然而不刻意有为，"下德"是有所作为以求表现其德。"上德"是"道"之"德"，是天道自然无为的体现，也就是第十章所描述的"生而不有，为而不恃，长而不宰"的"玄德"。

老子认为"仁""义""礼"这种社会伦理原则和道德规范必须以"有德"为基础，而"有德"又必须以自然质朴的"道"为根基。如果丧失了"道"与"德"的根基，那么"仁""义""礼"也将随之崩塌。因此，他通过对"上德""上仁""上义""上礼"的依次排列，申明了心目中理想的为政模式：第一等的模式是"上德无为而无以为"，其结果便是"太上，下知有之"，为政者和百姓之间互不干扰，只是依稀知晓有为政者的存在；第二等的模式是"上仁为之而无以为"，其结果是"亲而誉之"，为政者施加仁爱而百姓清静自化；第三等的模式是"上义为之而有以为"，其结果是"畏之"，百姓畏惧；最下等的模式是"上礼为之而莫之应"，其结果是"侮之"，百姓奋起反抗，与为政者势同水火。所以老子说"失道而后德，失德而后仁，失仁而后义，失义而后礼"，这与第十八章"大道废，有仁义"的表述是一致的。道与德、德与仁、仁与义、义与礼既依次相差、每况愈下，又互相包含、接续而生。

老子反对仁、义、礼，是出于他对春秋末期诸侯纷争的社会政治现实的认识，以及他对殷周以来礼崩乐坏的政治文化传统的反思。"夫礼者，忠信之薄而乱之首"，老子对当时那种流于表面礼仪形式、丧失"礼"内在精神的现象进行了批判，提醒为政者不应将"礼"异化成为自己谋取私利的工具和欺骗民众的摆设。老子提出应该回归厚实质朴的"忠信"，摒弃形式虚华浮夸的"礼"。他希望为政者重视社会伦理原则和规范的内在精神，而非外在形式，以"上德"之"无为"作为治国理政的基本理念。

上 德不德①，是以有德；下德不失德②，
是以无德。上德无为而无以为③，下德为
之而有以为④。上仁为之而无以为，上义
为之而有以为。上礼为之而莫之应，则
攘臂而扔之⑤。

故失道而后德⑥，失德而后仁，失仁
而后义，失义而后礼。夫礼者，忠信之
薄而乱之首⑦。

① 上德不德：上乘之德，遵循自然，自在浑然，不会拘泥于外在形式的"德"。上德，相对"下德"而言，指"德"的最高层次。《道德经》中的"德"有两种内涵：一是万物根源于"道"的本性、特质，二是为政者的秉性和品质。此处的"德"是第一种内涵的"德"。河上公注："因循自然，养人性命，其德不见。"② 下德不失德：下乘之德，唯恐违背、失去形式上的德。 ③ 上德无为而无以为：上乘之德无为而治，不凭借任何形式上的礼法规则去作为。无以为，不凭借任何形式上的礼法规则去为。以，凭借。④ 下德为之而有以为：下乘之德有所作为，并且凭借外在形式的礼法规则去作为。帛书本无此句，故有疑此句是衍文一说。⑤ 上礼为之而莫之应，则攘臂而扔之：上乘之礼有所作为，却无人响应时，就撩起袖子伸出手臂拉拽，强迫人们就范。攘，撩起、挽起。扔，强力拉拽。⑥ 故失道而后德：所以丧失了大"道"，然后才出现所谓的"德"。后面的"仁""义""礼"都是"道""德"沦丧之后的产物，三者相继产生、每况愈下。⑦ 夫礼者，忠信之薄而乱之首："礼"的出现，是由于忠信的缺失，这正是祸乱产生的开端。薄，浇薄、缺乏。乱之首，祸乱的开端。

qián shí zhě dào zhī huá ér yú zhī shǐ shì yǐ
前识者①，道之华②而愚之始③。是以
dà zhàng fū chǔ qí hòu bù jū qí bó chǔ qí shí bù
大丈夫处其厚，不居其薄④；处其实，不
jū qí huá gù qù bǐ qǔ cǐ
居其华⑤。故去彼取此⑥。

①前识者：那些预设、制定种种礼仪规范的所谓"先见"之人。②道之华：此处指礼仪规范是道的虚华。华，虚华、浮夸。③愚之始：愚妄蠢笨的开始。④是以大丈夫处其厚，不居其薄：因此大丈夫立身敦厚的德性，而不居于浇薄浮泛的形式。⑤处其实，不居其华：谨守内在的朴实，而不居于外在的虚华。⑥故去彼取此：所以要摒弃浇薄浮华的"礼"，而跟从敦厚笃实的"道"与"德"。

dì sān shí jiǔ zhāng

第三十九章

本章是老子贵柔守雌思想在社会政治理念上的具体反映。

首先，老子阐述了"道"的普遍性和重要性，具体表现为得"一"而天清、地宁、神灵、河谷盈、万物生、王为天下主。本章的"一"即指"道"，但并不完全等同于"道"。"道生一"，"一"已经是"有"，却尚未分化，混沌质朴，具备不同维度发展的可能性。道借由"一"得以内蕴于万物，"一"在万物中落实显现为"德"。天、地、神、谷、侯王乃至万物，都从"道"那里获得这份"德"。

其次，老子指出，根据物极必反、盛极而衰之天道规律，天、地、神、谷、侯王乃至万物，若偏离了"道"所赋予的这份"德"，肆意自逞，就会陷入"裂""发""歇""竭""蹶""灭"的危险境地。

最后，老子推天道以明人事，通过事物相反相成、高以下为基础、贵以贱为根本的道理，告诫为政者处在尊贵的地位，更要自甘于处贱取下，要"珞珞如石"，具有石头一般质朴厚实的品格。只有体悟"道"性、效法"道"性，贵柔守雌、朴质坚忍，才能长久。

xī zhī dé yī zhě tiān dé yī yǐ qīng dì dé
昔之得一① 者：天得一以清②；地得

yī yǐ níng shén dé yī yǐ líng gǔ dé yī yǐ yíng
一以宁③；神得一以灵④；谷得一以盈⑤；

wàn wù dé yī yǐ shēng hóu wáng dé yī yǐ wéi tiān xià zhèng
万物得一以生；侯王得一以为天下正⑥。

qí zhì zhī
其致之⑦。

tiān wú yǐ qīng jiāng kǒng liè dì wú yǐ níng jiāng kǒng
天无以清将恐裂；地无以宁将恐

fā shén wú yǐ líng jiāng kǒng xiē gǔ wú yǐ yíng
发⑧；神无以灵将恐歇⑨；谷无以盈

jiāng kǒng jié wàn wù wú yǐ shēng jiāng kǒng miè hóu wáng wú
将恐竭；万物无以生将恐灭；侯王无

yǐ guì gāo jiāng kǒng jué gù guì yǐ jiàn wéi běn gāo
以贵高⑩ 将恐蹶⑪。故贵以贱为本，高

yǐ xià wéi jī
以下为基。

① 得一：即得"道"。一，"道"的别称。王弼注："一，数之始而物之极
也。"河上公注："道始所生者，一也。"由第四十二章"道生一，一生二，二生三，
三生万物"可知，"一"也可以看作"道"化生万物之初一个混沌未知的整体。
② 清：清澈澄明。③ 宁：厚重安宁。④ 灵：灵验灵妙。⑤ 盈：充盈充足。⑥ 正：
为政的君长，天下的统治者、主宰。⑦ 其致之：都是由这个"一"而达成的。
王弼注："各以其一，致此清、宁、灵、盈、生、正。"致，使达成。⑧ 发：崩圮、
毁坏，喻指大地震。⑨ 歇：消失，绝灭。⑩ 贵高：高贵，指侯王的地位和权力。
⑪ 蹶：颠覆，倾覆。

是以侯王自谓孤、寡、不穀①。此非
以贱为本邪②？非乎？故致数誉无誉③。
不欲琭琭如玉，珞珞如石④。

①是以侯王自谓孤、寡、不穀：因此侯王自称为"孤""寡""不穀"。《左传·僖公四年》杜预注："孤、寡、不穀，诸侯谦称。"②此非以贱为本邪：这难道不是把卑贱当作高贵的根本吗。③故致数誉无誉：所以追求过多的荣誉反而等于没有任何荣誉。致，追求、取得。④不欲琭琭如玉，珞珞如石：因此不愿像玉那般晶莹夺目，宁可像石块那样质朴结实。琭琭，华丽光泽有如美玉，形容玉的华丽，为人所贵。珞珞，形容石块的朴实，为人所贱。

第四十章

　　本章虽然是《道德经》中最短的一章，但是它既反映了老子哲学的本体论，又揭示了老子的朴素辩证法，其重要性不言而喻。

　　老子在本章中先是总结"道"的体用，提出"反者道之动""弱者道之用"两个十分重要的哲学命题。"反者道之动"是说"道"的运动既有朝着相反一面发展的规律，又有返本复初、循环运转的规律。钱锺书在《管锥编》中讲道："'反'有两义。一者，正反之'反'，违反也；二者，往反之'反'，回反也……老子之'反'融贯两义，即正反两合。""道"的运动原本是相反和复归的统一，所以老子在第二十五章中说："大曰逝，逝曰远，远曰反。""弱者道之用"是说"道"作用于万物永无穷竭，却"润物细无声"，对万物有创生之功却不据为己有，养育万物却不居功自持，生长万物却不私自主宰，即第十章所谓"生而不有，为而不恃，长而不宰，是谓'玄德'"。"道"的表现形式即是"德"，是最柔弱卑下、清静无为、深远幽妙的"德"。

　　最后，老子用十分简洁的文字描述了"道"化生万物、为万物之本的基本原理。在老子看来，天地万物产生于物质性的具体的"有"，而"有"又产生于抽象的、无形的"无"。这个"无"
即为"道"，即为宇宙的本体。所以，"道"超越于万物又落实
于万物、现身于万物之中，与万物混而为一。

fǎn zhě dào zhī dòng　　　ruò zhě dào zhī yòng

反 者 道 之 动①；弱 者 道 之 用②。

tiān xià wàn wù shēng yú yǒu　　yǒu shēng yú wú

天 下 万 物 生 于 有，有 生 于 无③。

①反者道之动：促使万物相互转化、循环往复，是"道"运行的模式。反，同"返"，返回，循环往复。郭店竹简本作"返也者，道动也"。②弱者道之用：持守卑弱、以柔胜刚是"道"发挥作用的体现。③天下万物生于有，有生于无：天下的事物都萌生于有形的初始，这种有形的初始又来源于无形的"道"。有，指具体物质性的基本元素，它不同于具体现象界的事物，却是构成万物的基础。无，指抽象、无形的"道"。郭店竹简本此句作"天下之物生于有，生于无"。

dì sì shí yī zhāng

第四十一章

老子在本章中形象地勾画了"道"的幽深莫测、精妙内敛、冲虚含藏的特性。

首先，老子以"上士""中士""下士"三种不同层次的人对"道"的态度，说明"道"的高明和可贵正在于它超越世俗的成见。"下士"限于自身狭小的视野格局，如《庄子·逍遥游》中的"蜩"与"学鸠"只能看见"道"的浅层表象，所以"大笑之"；"中士"看不清"道"的表象与其内在本质的联系，所以半信半疑；只有"上士"能看清"道"表象背后的高明。世人的无知和嘲笑非但无损于"道"，反而更显示出其尊贵与光荣。老子言辞间充满得道悟道者的自信："不笑不足以为道。"

其次，老子借用古人的格言，以正言若反的方式描述"道"的特性。"大方""大器""大音""大象"皆是"大道"的化身，而其"无隅""晚成""希声""无形"正是描述了"道"幽隐无形、幽深莫测的超越性。"道"又"善贷且成"，善于化育万物、辅助万物并使它完成，充满无限的创造力和含藏天地的恢宏气象。

上士①闻道，勤而行之②；中士闻道，若存若亡③；下士闻道，大笑之④。不笑不足以为道。

故建言⑤有之：明道若昧⑥，进道若退⑦，夷道若纇⑧；上德若谷⑨，大白若辱⑩，广德若不足⑪，建德若偷⑫，质真若渝⑬；大方无隅⑭，大器晚成⑮，大音希声，大象无形⑯，道隐无名。

夫唯道，善贷且成⑰。

①上士：上等的士人，此处指能透彻领悟"道"的人。②勤而行之：勤勉而践行"道"。③若存若亡：指对"道"将信将疑、摇摆不定的态度。郭店竹简本作"若闻若亡"。④大笑之：大声嘲笑"道"。⑤建言：立言。高亨、奚侗认为"建言"是《老子》所引的典籍。高亨说："'建言'殆老子所称书名也。"⑥明道若昧：光明的大"道"，表面却看似幽昧。⑦进道若退：前进的大"道"，表面却看似后退。⑧夷道若纇：平坦的大"道"，表面却看似崎岖。夷，平坦。纇，不平、崎岖。⑨上德若谷：真正崇高的"德"，表面却好似卑下的山谷。⑩大白若辱：最洁净的白，却好像染有黑污。辱，黑色，含垢的样子。⑪广德若不足：最广博的"德"，表面却看似不足。⑫建德若偷：刚健的"德"，表面却看似松懈。建，通"健"。偷，怠惰。⑬质真若渝：质性纯真之"德"，表面却看似善变。渝，改变、不坚定。⑭大方无隅：最方正的，却没有棱角。隅，角落，引申为棱角。⑮大器晚成：最大件的器物，总是最后才完成。⑯大象无形：最恢宏的物象反而没有具体形象。⑰善贷且成：善于辅助万物并使它完成。贷，施与。

dì sì shí èr zhāng

第四十二章

本章按其内容可以分为两个部分：前半部分（第一段）可视为老子的宇宙生成论和演化论；后半部分主要阐述安身处世原则。历来不少学者从后半部分文义和第三十九章重现的"孤、寡、不穀"分析，怀疑后半部分是他章错简。

在老子看来，"道"创生万物、衍化万物的整个历程，表现为由抽象到具体、由宏观到微观的不断分化和繁衍。第四十章讲"天下万物生于有，有生于无"，这个"无"即是宇宙的本体"道"。这个抽象的无实质的"道"赋予天地万物一种初始的本性，从而产生物质性的具体的"有"，这个"有"又分别经历"一、二、三"的不同阶段。所以，"道生一"代表着从"无"向"有"转化的第一阶段。

第一阶段的"一"是元始混沌、抽象质朴、浑然一体的状态。第十四章的"夷""希""微"即是描述"一"的属性。但这个"一"中已然蕴蓄阴阳二气，这二气同属宇宙的原始质地，只是由"道"分化裂变而来，老子便用"二"来形容它。阴阳二气交合，互相激荡，互为作用，形成一种均衡和谐的状态，老子称之为"三"。自"三"以往，生生不穷。所以，万物都蕴含着阴阳对立的两方面。这里，老子又将"阴""阳"上升到了哲学的范畴。

　　本章的后半部分主要阐述统治者贵柔守雌的安身处世原则。老子认为锋芒毕露、刻意进取是成为箭靶、招致冲突的祸源，提醒人们应当沉潜守默，在损益之间保持平衡。

dào shēng yī　yī shēng èr　èr shēng sān　sān shēng wàn

道 生 一， 一 生 二， 二 生 三， 三 生 万

wù　　wàn wù fù yīn ér bào yáng　chōng qì yǐ wéi hé

物①。万 物 负 阴 而 抱 阳②，冲 气 以 为 和③。

rén zhī suǒ wù　wéi gū guǎ　bù gǔ ér wáng gōng

人 之 所 恶④，唯 孤、寡、不 穀，而 王 公

yǐ wéi chēng　gù wù huò sǔn zhī ér yì huò yì zhī ér

以 为 称⑤。故 物 或 损 之 而 益，或 益 之 而

sǔn　rén zhī suǒ jiào wǒ yì jiào zhī　qiáng liáng　zhě bù

损⑥。人 之 所 教，我 亦 教 之。强 梁⑦ 者 不

dé qí sǐ　wú jiāng yǐ wéi jiào fù

得 其 死⑧，吾 将 以 为 教 父⑨。

① 道生一，一生二，二生三，三生万物：混沌的大道产生元气，元气又化生出阴、阳二气，阴、阳二气激荡、交融为均衡、和合的状态，从而产生万物。这是描述"道"生成万物的过程。一，指"道"产生的"元气"。二，指阴、阳二气。三，指阴阳二气激荡、交合形成的均衡状态。② 负阴而抱阳：万事万物都怀抱着阴阳二气，浑然一体。③ 冲气以为和：阴阳两气交冲、激荡而交融，从而达到均衡和谐的状态。冲，交冲、激荡。和，阴阳合和的状态。④ 恶：讨嫌，厌恶。⑤ 而王公以为称：然而王公把"孤""寡""不穀"作为自己的称谓。⑥ 故物或损之而益，或益之而损：因此一切事物有时候自我贬损反而会得到助益，有时候自我增益反而会导致减损。⑦ 强梁：强横。⑧ 不得其死：不得善终。⑨ 教父：教化的根本、依据。吴澄注："教父，犹言教之本。父，谓尊而无出其上者也。"

dì sì shí sān zhāng

第四十三章

老子在本章中再一次强调了"柔弱胜刚强"的普遍原理，并由天道推及人道，指出"无为"的益处。

在老子看来，"道"虚空柔静，它顺应自然、随和万物，万物才得以自然生长、自然实现，但"道"恰恰又无所不在、无孔不入，具有无形的穿透力和消解力。所以，它的形式虽是至柔的，但在本质上却蕴含至刚的力量。最柔弱无力的东西，如水、气等物，其实是最有韧性、最有力量的。"天下之至柔，驰骋天下之至坚"，与第七十八章"天下莫柔弱于水，而攻坚强者莫之能胜"一脉相承，所谓"水滴石穿"就是这种力量的印证。推天道而明人事，天道"至柔"，人道"无为"。人能无为，才能无不为。这永远是生存发展的最佳选择。

tiān xià zhī zhì róu　　chí chěng　tiān xià zhī zhì jiān
天下之至柔①，驰骋②天下之至坚③。

wú yǒu rù wú jiàn　　wú shì yǐ zhī wú wéi zhī yǒu yì
无有入无间④，吾是以知无为之有益⑤。

bù yán zhī jiào　　wú wéi zhī yì　tiān xià xī jí zhī
不言之教⑥，无为之益，天下希及之⑦。

①至柔：最柔软的事物，如水、气等物。②驰骋：本义指马的奔驰，引申为驾御。③至坚：最坚硬的事物。④无有入无间：无形的事物往往能够穿透没有任何间隙的地方，无所不达，无所不通。无有，无形。间，间隙。⑤吾是以知无为之有益：我于是知道无为的益处。⑥不言之教：潜移默化的教化方式。⑦天下希及之：天下很少能够达到这种境界的。希，通"稀"，稀少。及，达到。

dì sì shí sì zhāng

第四十四章

　　老子在本章中讨论了名利与生命孰轻孰重的问题，告诫世人只有知足知止，才能避祸长保。

　　老子曾在第九章强调："金玉满堂，莫之能守。富贵而骄，自遗其咎。功遂身退，天之道也。"在老子看来，欲望膨胀而不知节制，汲汲名利而不爱惜身体，敛财贪婪而不顾危亡，皆非长久之计。他呼吁世人要珍重生命，在名利等外在的诱惑面前不迷失本真。本章中老子还以犀利的语言警醒世人"甚爱必大费""多藏必厚亡"，过多地追求物欲和浮名会侵扰身心，造成不必要的祸患。这对于今天的人们来说亦可谓"醒世恒言"，同样值得深思。

míng yǔ shēn shú qīn　shēn yǔ huò shú duō
名与身孰亲①？身与货②孰多③？

dé yǔ wáng shú bìng
得与亡孰病④？

shì gù shèn ài bì dà fèi　duō cáng bì hòu wáng
是故甚爱必大费⑤，多藏必厚亡⑥。

zhī zú bù rǔ　zhī zhǐ bú dài　kě yǐ cháng jiǔ
知足不辱⑦，知止不殆⑧，可以长久。

①名与身孰亲：名誉与身体相比，哪一个更值得爱惜。孰，哪个。亲，爱惜。②货：财货，货利。③多：分量重。④得与亡孰病：得到名利与丧失身体，哪一个选择更有害。亡，丧失。病，伤害。王弼注："得名利而亡其身，何者为病也？"⑤甚爱必大费：过于吝啬必定要付出很大的耗费。爱，吝啬。费，耗费。⑥多藏必厚亡：丰厚的藏货必定会招来惨重的损失。厚，多，此处指严重、惨重。⑦知足不辱：知道满足才不会受到屈辱。辱，羞辱、耻辱。⑧知止不殆：知道适可而止、有所节制才不会遇到危险。殆，危险、败亡。

dì sì shí wǔ zhāng

第四十五章

　　本章老子用其朴素辩证的思维模式，观察和分析了"道"深藏若虚却作用无穷的属性，并推及社会政治领域，向为政者提出了一种行事原则。

　　在老子看来，同一事物的表面与实质往往存在差异，有时甚至完全相反。比如"大成""大盈"的完美人格，"大直""大巧""大辩"的优秀品质，往往是以"若缺""若冲""若屈""若拙""若讷"的表象存在的，是以曲折迂回、略存缺憾、略显笨拙的方式实现的。我们要洞悉其内在的奥妙，不为表象所迷惑，由表及里、去伪存真，去判断与衡估事物的本质。同时，本章也是老子对立统一、反差互补、相反相成的辩证思维的体现。老子认为，"躁胜寒""静胜热"，对立的事物是可以相互制衡的。因此，对于为政者来说，若能遵循清静无为的行事原则，克制贪欲、减少政苛、守弱用柔、纯朴谦卑，反而可以实现"大成""大盈"，成为天下万民的楷模。

大成若缺①，其用不弊②。大盈若冲③，其用不穷④。大直若屈，大巧若拙⑤，大辩若讷⑥。

躁胜寒，静胜热⑦。清静为天下正⑧。

①大成若缺：最圆满的东西，却好像有欠缺。大成，本义为完整的乐曲，古乐一变为一成，九变而乐终，九成完毕，称为"大成"。此处引申为最圆满完美的事物。②其用不弊：它的作用永远不会衰竭。弊，衰竭。③大盈若冲：最盈满的，却好像处于虚空状态。盈，充盈。冲，中空、虚空。④其用不穷：它的作用永远不会穷尽。穷，穷尽。⑤大巧若拙：最灵巧的，却表现为笨拙愚钝的。拙，笨拙。⑥大辩若讷：最好的口才却好像不会讲话。讷，木讷。⑦躁胜寒，静胜热：急速运动可以排除寒冷，内心清静可以抵御燥热。躁，急速运动。⑧清静为天下正：遵循清静无为的原则，便可以使万物自化，从而成为天下的主宰。正，主宰。郭店竹简本作"清静为天下定"。

dì sì shí liù zhāng
第四十六章

　　本章与第三十章、第三十一章同为老子书写的反战篇章，不同的是，老子在本章中除了表明自己的反战立场，还讨论了战争的起因。这在中国古代军事思想发展史上具有首创意义。

　　首先，老子以战争的有无和多少，判断天下是否有"道"、社会机制是否正常。天下有"道"、政治清明、社会太平时，马匹用于垦地种田；天下无"道"、政治昏暗、社会动乱时，连怀胎的母马也要用于征战。第三十章也有"师之所处，荆棘生焉。大军之后，必有凶年"之说。这些理念饱含着老子对民生疾苦的深切同情。

　　其次，老子一针见血地指出："罪莫大于可欲，咎莫憯于欲得，祸莫大于不知足。"战争的起因多半是统治者贪得无厌的欲望。为此，老子苦口劝诫为政者要知足、知止，要清静、无为，要收敛起侵占的意欲，要有兼济天下的胸怀。

tiān xià yǒu dào què zǒu mǎ yǐ fèn tiān xià wú dào

天下有道,却走马以粪①。天下无道,

róng mǎ shēng yú jiāo

戎马生于郊②。

zuì mò dà yú kě yù jiù mò cǎn yú yù dé huò mò

罪莫大于可欲,咎莫憯于欲得,祸莫

dà yú bù zhī zú gù zhī zú zhī zú cháng zú yǐ

大于不知足③。故知足之足④,常足矣⑤。

①却走马以粪:战马被退回百姓用于耕种。却,退回。走马,战马。粪,施肥。②戎马生于郊:军马在郊野的战场产仔。战事频繁,公马不能满足征战需求,征用怀胎的母马,结果在郊外的战场产下马驹。戎马,军马。郊,郊野,此处指战场。③罪莫大于可欲,咎莫憯于欲得,祸莫大于不知足:最大的罪过莫过于贪欲邪念,最惨痛的过失莫过于贪得无厌,最大的灾祸莫过于不知道满足。咎,过失。憯,惨痛。王弼本失载"罪莫大于可欲"句,帛书本作"罪莫大于可欲,祸莫大于不知足,咎莫憯于欲得",郭店竹简本作"罪莫厚乎甚欲,咎莫憯乎欲得,祸莫大乎不知足"。竹简本在句序上优于他本,因"祸莫大于不知足"与下文"知足之足,常足矣"紧密承接,文义连贯。此处从竹简本顺序。④故知足之足:所以知道满足的这么一种满足,即能够自我满足,觉知自己的自足感。⑤常足矣:恒常稳定地保持满足。

第四十七章

　　本章老子主要讲人的自我修养问题，阐明体"道"者不可局限于耳目等感官层面去认识世界，而应该深入到内在的感悟自省，在虚静中观照觉悟之知和智慧之明。

　　在老子看来，人越是汲汲向外追求，心灵越是轻浮躁动、焦虑不安、翻腾不宁，越无法明澈地看清外界事物，更无法观照到自己的内心。所以老子认为，人应该向内自省，应该透过自我修养的功夫，作内观返照，以虚静之心、本灵本明的智性，去了解事物运行的规律。天地万物皆依循某种规律运行着，掌握了这种规律，便可以洞察事物的真情实况。

bù chū hù   zhī tiān xià   bù kuī yǒu   jiàn tiān dào
不出户，知天下①；不窥牖②，见天道③。

qí chū mí yuǎn   qí zhī mí shǎo
其出弥远，其知弥少④。

shì yǐ shèng rén bù xíng ér zhī   bú jiàn ér míng   bù
是以圣人不行而知⑤，不见而名⑥，不

wéi ér chéng
为而成。

---

①不出户，知天下：双脚不迈出大门，就可以感知天下的事物。此句与下句的"不窥牖，见天道"都是指通过内在的觉知感悟去认识世界万物的本质。②窥牖：观望窗外。窥，窥视、望。牖，窗户。③天道：自然规律。④其出弥远，其知弥少：越是向外追逐，能感知洞察的事物反而越少。弥，更加。⑤不行而知：不需远行也能感知天地万物。⑥不见而名：不需观察也能明晓事物的内在本质。名，通"明"，明白、清楚。

第四十八章

　　本章与前章的内容有一定的连贯性。前章主张超越于耳目闻见之上，以直观内省的方式体悟真理；本章则更进一层地谈了"为学"与"为道"的差异，主张抛弃成见，祛除心灵的蔽障，达到清静无为的体道之境。

　　在老子看来，"为学"的对象是外在的知识，追求越多，知识越丰富，所以"日益"；"为道"的对象是虚无的大道，追求越多，私欲巧智越减损，所以"日损"。消损到无为的境界，却发现反而可以水到渠成做成一切。老子用朴素辩证法思想赋予"损"和"益"哲学化的解释，以说明事物向对立面转化的普遍原则，并将其延伸至政治领域，告诫统治者治理国家要保持清净不妄为，一旦政繁扰民，则民心不归，天下不取。

wéi xué rì yì　　wéi dào rì sǔn　　sǔn zhī yòu sǔn

为学日益①，为道日损②。损之又损③，

yǐ zhì yú wú wéi　　wú wéi ér wú bù wéi

以至于无为。无为而无不为④。

qǔ tiān xià cháng yǐ wú shì　　jí qí yǒu shì　　bù

取⑤天下常以无事⑥，及其有事⑦，不

zú yǐ qǔ tiān xià

足以取天下。

①为学日益：追求学问，知识与思虑就会一天比一天增加。为学，指探求外物，掌握知识。益，增加。郭店竹简本作"学者日益"。②为道日损：追求大道，才智和思虑就会一天比一天减少。为道，指遵循大道。损，减少。郭店竹简本作"为道者日损"，帛书乙本作"闻道者日损"。③损之又损：减损再减损，指才智、思虑越来越少，逐渐趋向简单、清虚、宁静。河上公注："损之者，损情欲也。又损之者，所以渐去也。"④无为而无不为：不妄为，就可以顺其自然、水到渠成地做成一切。⑤取：治理。河上公注："取，治也。"⑥无事：顺应自然不生事端。⑦有事：造事，生事。此处指治理国家政令繁多，措施复杂。

dì sì shí jiǔ zhāng
第四十九章

　　本章是老子对理想的为政者与理想社会秩序的憧憬。顺承前章"为道日损。损之又损，以至于无为。无为而无不为"的理念，本章将其落实到为政治国的层面，是希望为政者"无常心，以百姓心为心"。

　　老子认为，理想的为政者应该真朴淳厚、了无私心，能够为民着想，与民休戚与共，以善待人、以诚待人，不歧视、无差别，包容一切。这就如同第五章所言"天地不仁，以万物为刍狗；圣人不仁，以百姓为刍狗"。天地万物皆为"道"所化生，无高低贵贱之分。站在"道"的高度观照万物，就好比一个慈爱的母亲看待众多的孩子一样，并无偏爱之心。如此，就消解了为政者与百姓之间的隔阂，就不会制造矛盾和冲突，就能够按照各自的本性和谐共存，而理想的社会秩序便是这种混沌自然的状态。

圣人①无常心②，以百姓心为心③。

善者吾善之，不善者吾亦善之，

德④善。信者吾信之，不信者吾亦信

之，德信。

圣人在⑤天下，歙歙⑥焉，为天下浑其

心⑦，百姓皆注其耳目⑧，圣人皆孩之⑨。

① 圣人：指尊道、体道的为政者。② 无常心：不执着于一己之见，没有私心。常，恒，为避汉文帝刘恒的名讳改"恒"为"常"。常心，固定的心念，即一己之见。帛书乙本作"恒无心"。③ 以百姓心为心：遵从民意，把民众的意愿当作自己的意愿。④ 德：通"得"，得到、达到。"德善""德信"之"德"均为此义。⑤ 在：治理。⑥ 歙歙：收敛意欲、清净无为的样子。⑦ 浑其心：复归一种浑然无别的状态，内心混沌淳朴。浑，混沌淳朴。⑧ 注其耳目：专注于自己的耳目，即执着于自己的所见所闻，竞相用智，耳目聪明。⑨ 圣人皆孩之：圣人把他们都当作孩童一样包容养育，而不希望他们回报。王弼注："皆使和而无欲，如婴儿也。"河上公注："圣人爱念百姓如孩婴赤子，长养之而不责望其报。"

dì wǔ shí zhāng
第五十章

老子在本章中主要谈论"摄生"与"道"的内在关系。

"摄生"即养生，指生命的养护问题。老子由人的生老寿夭关系的角度入手，深刻地论述了遵循"道"性、自然无为的重要意义，即通过"无为"达到"摄生"。在老子看来，人本可以长寿，却因汲汲求生、饱饫烹宰、奢侈贪餍而伤残身体、糟蹋生命。只有极少数的人，能够遵循"道"性，做到少私寡欲、清静无为、真朴自然。随后，老子用一系列看似荒诞的寓言式、象喻化的表述，说明这些善于摄生者，任何外物都不能侵害。这里所包含的深刻寓意是养生不仅是养身，而且更是修"道"，是内在精神和觉悟的修炼。理想的养生能使人超脱于生死之外，使生命获得灵性，焕发光辉。

出生入死①。生之徒②，十有三③；死之徒④，十有三；人之生，动之于死地⑤，亦十有三。夫何故？以其生生之厚⑥。

盖闻善摄生⑦者，陆行不遇兕⑧虎，入军不被甲兵⑨；兕无所投其角，虎无所措其爪⑩，兵无所容其刃。夫何故？以其无死地⑪。

①出生入死：人出世为生，入地为死。②生之徒：长命、长寿的一类人。徒，类、属。③十有三：十分之三。④死之徒：夭折、短命的一类人。⑤人之生，动之于死地：本来可以长寿，却因为好事有为，过度地奉养生命而走向死路。生，过度地奉养生命。帛书本作"生生"。北大汉简本作"姓生"，"姓"通"生"，"姓生"即"生生"。⑥以其生生之厚：因为这类人求生太迫切、奉养太过度。此句前一个"生"是动词，指奉养；后一个"生"是名词，指生命。帛书本、北大汉简本作"以其生生也"。⑦善摄生：善于养生延命。摄，养护。河上公注："摄，养也。"帛书乙本作"执生"。⑧兕：独角犀牛，泛指猛兽。⑨不被甲兵：不被兵器所伤害。被，受创、加害。甲兵，兵器，帛书乙本、北大汉简本作"兵革"。⑩兕无所投其角，虎无所措其爪：犀牛用不上它尖锐的角，猛虎用不上它锋利的爪。投，刺、戳。措，抓。⑪以其无死地：因为他们从不进入死亡的境地，不会自蹈死地。

第五十一章

　　老子在本章详细阐述了"道"的创生性与万物的自发性，反映出其哲学的逻辑思维过程。

　　在老子看来，"道"滋生万物有四个过程："道生""德畜""物行""势成"。首先，"道"生成万物；其次，"道"内在于万物，激发了万物的自发性，使万物通过"德"得到蓄养繁殖，即"道"让万物依据其本性自我化育、自我生长；再次，具体的形体使万物得到显现；最后，形势、环境使万物生长成熟。由此得知，万物生成的源头在"道"与"德"，故以"道"为尊，以"德"为贵。"道"尊"德"贵的根本原因就在于其激发了万物的自发性，并顺任万物自我化育、自我完成。

　　另外，"道"创生万物是无意识、无目的的，不会据为己有，也不会自居有功而妄加干涉。"道"的整个创生性是自然的，万物的自发性也是自由的，这就是最深远、最微妙的"德"。这种顺应自然的"玄德"，是尊"道"的为政者应该珍视和效法的。

道 生 之①，德 畜 之②，物 形 之③，势 成
之④。是 以 万 物 莫 不 尊 道 而 贵 德。

道 之 尊，德 之 贵，夫 莫 之 命 而 常 自 然⑤。

故 道 生 之，德 畜 之；长 之 育 之；亭 之
毒 之⑥；养 之 覆⑦ 之。生 而 不 有，为 而 不
恃，长 而 不 宰，是 谓"玄 德"⑧。

---

①道生之：道化生万物。生，生成。②德畜之：德畜养万物。畜，畜养、养育。《管子·心术》："化育万物谓之德。"③物形之：万物呈现出各种形态。形，呈现。④势成之：形势、环境成就万物。成，成就、促成。帛书本作"器成之"。⑤莫之命而常自然：对万物不命令、不干涉，让万物顺应自然，自化自成。⑥亭之毒之：调和万物并使之安定。亭，调和。毒，安定。河上公本作"成之熟之"。⑦覆：覆护，庇护。⑧生而不有，为而不恃，长而不宰，是谓"玄德"：此四句重见于第十章。

dì wǔ shí èr zhāng

第五十二章

　　本章老子以"母""子"为喻，说明"道"与万物的密切关系，并重申清静无为的处事原则。

　　"母"在《道德经》一书中共出现七次之多。老子习惯用"母"指代宇宙万物的根源，与其用"雌"和"玄牝"为喻一样，体现了"道"孕育万物而又柔弱温和的德性。"母"即"道"，"子"即指万物。在本章中，老子一再强调要得"母"知"子"、知"子"守"母"，即在掌握大"道"的基础上认知万事万物，认知万事万物也必须遵循、坚守"道"的立场。推天道而明人事，人要从万象中去追索根源、把握法则，去除私欲、破除妄念、察知细微、见微知著，保持清净、自处柔弱，运用大"道"之光返照自己内心潜在的智慧。

tiān xià yǒu shǐ　　yǐ wéi tiān xià mǔ　　jì dé qí
天 下 有 始①，以 为 天 下 母②。既 得 其

mǔ　yǐ zhī qí zǐ　　jì zhī qí zǐ　fù shǒu qí mǔ
母，以 知 其 子③；既 知 其 子，复 守 其 母④，

mò shēn bú dài
没 身 不 殆⑤。

sè qí duì　　bì qí mén　　zhōng shēn bù qín　　kāi
塞 其 兑⑥，闭 其 门⑦，终 身 不 勤⑧；开

qí duì　jì qí shì　　zhōng shēn bú jiù
其 兑，济 其 事⑨，终 身 不 救⑩。

jiàn xiǎo yuē míng　　shǒu róu yuē qiáng　　yòng qí guāng fù
见 小 曰 明⑪，守 柔 曰 强⑫。用 其 光，复

guī qí míng　　wú yí shēn yāng　　shì wéi xí cháng
归 其 明⑬，无 遗 身 殃⑭，是 为 习 常⑮。

---

　　① 天下有始：天下万物都有一个最初始的源头。始，元始、本始，指
"道"。范应元注："道本无始，此言有始者，谓万物由此始也。"张岱年在《中
国哲学大纲》中说："在老子以前，似乎无人注意到宇宙终始问题，到老子乃认
为宇宙有始，是一切之所本。"② 母：孕育万物的母体，指"道"。③ 子：指万
物。④ 复守其母：复归于"道"并且持守"道"。⑤ 没身不殆：终身都没有危
险。没身，终身。殆，危险。⑥ 塞其兑：堵塞感官贪欲的通道。兑，本义为耳目
鼻口，泛指孔穴、通道。⑦ 闭其门：关闭感官贪欲的大门。⑧ 终身不勤：终身
都轻松自如。王弼注："无事永逸，故终身不勤也。"⑨ 济其事：急于解决纷扰的
事端，汲汲于有为。济，解决、完成。⑩ 终身不救：终身不可救治。⑪ 见小曰明：
能够察觉到微细，才是真正的明智，即见微知著。⑫ 守柔曰强：能够持守柔弱，
才是真正的强大。⑬ 用其光，复归其明：依赖大"道"的光芒，返照内心固有
的能量和潜在的光明。⑭ 无遗身殃：不给自己带来灾殃。遗，遗留。殃，灾祸。
⑮ 习常：承袭恒常不变的"道"。习，通"袭"，承袭。

dì wǔ shí sān zhāng
第五十三章

　　本章老子揭发和控诉了统治者穷奢极欲的罪恶行径，可视作一篇酣畅犀利的檄文。

　　老子将大路与邪道进行对比，大路是光明正大的社会原则，邪道是背弃原则的取巧之道。老子立足于"大道"，逐一列举了在为政治国层面上的"非道"之相，痛快淋漓地针砭当时腐败丑恶的社会政治风气，义愤填膺地痛斥为政者欺榨百姓、奢侈糜烂、荒淫无道的种种劣行，入木三分地指出他们才是社会动乱的真正根源，是典型的"盗夸"。本章具有鲜明的民本主义色彩。

使我介然有知①，行于大道，唯施是畏②。

大道甚夷③，而民好径④。朝甚除⑤，田甚芜⑥，仓甚虚⑦；服文采⑧，带利剑，厌饮食⑨，财货有余，是谓盗夸⑩。非道也哉！

①使我介然有知：假如我对"道"有明确坚定的认识。使，假使、假如。介，坚定、坚固。②唯施是畏：唯恐走上邪路歪道。施，通"迤"，邪路。帛书本作"他"，北大汉简本作"蛇"。王念孙在《读书杂志余编上·老子》中说："'施'读为'迤'，邪也。言行于大道之中，唯惧其入于邪道也。"钱大昕认为"施"古音为"斜"。此处注音释义据王念孙说。③夷：平坦。④而民好径：但是有人却喜欢走捷径、行小道。径，小路、小道。河上公注："'径'，邪不正也。"帛书甲本作"解"，北大汉简本作"街"。⑤朝甚除：宫殿十分整洁壮观。除，整洁。王弼注："朝，宫室也；除，洁好也。"⑥田甚芜：农田极度荒芜。芜，荒芜、萧条。⑦虚：虚空，空荡无物。⑧服文采：穿着锦绣昂贵的衣服。⑨厌饮食：追求享受精美的山珍海味，穷奢极欲。厌，饱，此处指满足。⑩盗夸：大盗，强盗头子。

dì wǔ shí sì zhāng
第五十四章

前章老子痛斥暴君、针砭时弊，本章则开始殚精竭虑、济世匡时。老子认为，要改善世风、拯救社会，人们就必须毫无保留地皈依抱持大"道"，并通过建"德"修"德"的向内功夫，向外扩展运用到家、乡、国、天下的治理。

在老子看来，善建"德"可以固其根基，善抱"道"可以护其所能，按照善建、善抱的原则行事，其子孙便可以世世继业、守保宗庙、存续祭祀。这里也表明，在老子的思想体系里，人类文明相续不断就在于效法"道"生"德"畜的自然常则。而将善建、善抱的原则贯彻到个人身上，其人之"德"便可以永葆真朴，继而层层贯彻到家、乡、国、天下，也都是同样的道理。

由此可见，老子所开列的济世匡时的药方就是通过修"德"的功夫，将形而上的"道"层层落实到修身与治国之中。抱持大"道"、修建大"德"，便可以身修、家齐、乡宁、国安、天下平。

shàn jiàn zhě bù bá　　shàn bào　zhě bù tuō　zǐ sūn
善建者不拔①，善抱②者不脱③，子孙

yǐ jì sì bú chuò
以祭祀不辍④。

xiū zhī yú shēn　　qí dé nǎi zhēn　　xiū zhī yú jiā
修之于身⑤，其德乃真⑥；修之于家，

qí dé nǎi yú　xiū zhī yú xiāng　qí dé nǎi cháng　xiū zhī
其德乃余；修之于乡，其德乃长⑦；修之

yú guó　qí dé nǎi fēng　xiū zhī yú tiān xià　qí dé nǎi
于国，其德乃丰⑧；修之于天下，其德乃

pǔ
普⑨。

gù yǐ shēn guān shēn　　yǐ jiā guān jiā　yǐ xiāng guān xiāng
故以身观身⑩，以家观家，以乡观乡，

yǐ guó guān guó　yǐ tiān xià guān tiān xià　wú hé yǐ zhī tiān
以国观国，以天下观天下。吾何以知天

xià rán　zāi　　yǐ cǐ
下然⑪哉？以此⑫。

①善建者不拔：善于建立德性的，就不会轻易动摇。拔，拔除、动摇。范
应元注："善建德者，深而不拔。"②抱：抱持，牢固把持。③脱：脱离。④子
孙以祭祀不辍：按照善建"德"、善抱"德"的原则行事，其子孙便可以世世继
业、保守宗庙、存续祭祀。辍，断绝、停止。⑤修之于身：个人按照善建"德"、
善抱"德"的原则去践行。范应元注："修者，去私欲而不使为德之害也。"修，
践行、治理。⑥真：真实，纯粹。郭店竹简本作"贞"。⑦长：茂盛，弘扬光
大。另一种解释为"尊"，读音为 zhǎng。林希逸说："长，尊也。修诸乡，则为
一乡之所尊。"⑧修之于国，其德乃丰：善建、善抱的原则贯彻到一个国家，他
的德行可称得上丰沛。国，诸侯国，郭店竹简本、帛书甲本均作"邦"。刘师培
说："'国'当作'邦'，盖汉初重老子，因避高祖讳，故'邦'字咸改为'国'
也。"⑨普：普遍，普及。帛书乙本作"博"。⑩以身观身：以自身观照他人之
身，推己及人之意。其后的观家、观乡、观国、观天下是同样的道理。⑪然：如
此，指情况、状况。⑫以此：用这样的道理。

dì wǔ shí wǔ zhāng

第五十五章

　　前章老子谈到德真、德余、德长、德丰、德普，本章老子讲德厚。他以天真未凿、纯真柔和的赤子为喻，阐述养生修德的重要性。

　　在老子看来，德厚之人具备两个类似于婴儿的特征："精之至"与"和之至"。"精之至"是指一种精气充足盈沛、精神充实饱满的状态。老子从婴儿虽然筋骨柔弱、无心握拳，却能够抓握得非常紧固，男婴不知男女交媾之事，生殖器却因饱满的精气而自然勃起这些现象悟出，充足盈沛的元气才是万物生生不息之根本。"和之至"则是指一种元气平和淳厚、心灵凝聚和谐的状态，说明个体生命的最佳状态就体现在主体心灵的和谐平衡之中。德厚之人若要保持"精之至"与"和之至"，就要戒除"益生""心使气""物壮"等"不道"方式。老子常用"赤子"作譬喻，说明得"道"者的德性和境界。虫蛇鸟兽不能将其伤害，这与第五十章所讲的善摄生者"不遇兕虎""不被甲兵""兕无所投其角，虎无所措其爪，兵无所容其刃"的描述相似，都是对得"道"者及其德性的象喻化表述。

hán dé zhī hòu bǐ yú chì zǐ fēng chài huǐ shé bú
含德之厚，比于赤子①。蜂虿虺蛇不

shì mèng shòu bú jù jué niǎo bù bó gǔ ruò jīn róu
螫②，猛兽不据，攫鸟不搏③。骨弱筋柔

ér wò gù wèi zhī pìn mǔ zhī hé ér zuī nù jīng
而握固④。未知牝牡之合⑤而脧怒⑥，精

zhī zhì yě zhōng rì háo ér bú shà hé zhī zhì yě
之至也⑦。终日号而不嗄⑧，和之至也⑨。

zhī hé yuē cháng zhī cháng yuē míng yì shēng yuē
知和曰常⑩，知常曰明⑪。益生曰

xiáng xīn shǐ qì yuē qiáng wù zhuàng zé lǎo wèi zhī bú
祥⑫，心使气曰强⑬。物壮则老，谓之不

dào bú dào zǎo yǐ
道，不道早已⑭。

①含德之厚，比于赤子：德行厚重且敛藏不露的人，就像初生的婴儿。含，藏蓄不露。厚，深厚、厚重。赤子，初生的婴儿。②蜂虿虺蛇不螫他，毒蛇不咬他。虿，蝎类。虺，毒蛇。螫，毒虫用尾端刺人。③猛兽不据，攫鸟不搏：猛兽不用利爪伤他，鹰隼不用翼爪扑击他。攫鸟，用足爪取物的鹰隼一类的鸟。郭店竹简本、帛书本皆作"攫鸟猛兽不搏"。④骨弱筋柔而握固：婴儿筋骨柔弱，无心握拳却能够抓握得紧固。河上公注："赤子筋骨柔弱，而持物握固，以其意专心不移也。"⑤牝牡之合：男女交合。牝，雌性。牡，雄性。⑥脧怒：小男孩的生殖器坚挺勃起，指赤子未有欲念，但是血气充足，无欲则刚。脧，男孩的生殖器。怒，挺起、勃起。王弼本作"全作"，河上公本作"脧作"，帛书乙本作"脧怒"。今据帛书乙本。⑦精之至也：精气充足盈沛的缘故。⑧号而不嗄：大声啼哭但嗓音却不嘶哑。号，大声哭喊。嗄，嗓音嘶哑。⑨和之至也：元气平和淳厚的缘故。⑩知和曰常：知道这种醇和融洽的状态，就是认识到生命的永恒规律。⑪知常曰明：认识到生命的永恒规律，就是明晓事理。⑫益生曰祥：放纵贪欲、奉养过度就会招致灾祸。益生，纵欲贪生。祥，妖祥、凶兆。⑬心使气曰强：劳心苦思而耗费过多的精气、元气，就是纵暴逞强。⑭物壮则老，谓之不道，不道早已：此三句重见第三十章。郭店竹简本此处无此三句。

第五十六章

　　老子在本章谈论了其心目中的理想境界"玄同"，即超越世俗一切对立价值的玄妙大同的境界。

　　老子的表述具有严密的逻辑性。他首先提出真正的智者是"行不言之教""处无为之事"的；其次，指明通往"玄同"境界的途径是塞兑闭门、挫锐解纷、和光同尘，即消除自我的固弊、藏匿自我的锋芒、化解世间的纷扰，以开豁的心胸和无偏无倚的心境去对待一切；最后，点明这样做的效果和意义所在，即超越了亲疏、利害、贵贱等世俗价值，为天下所器重所尊贵。

　　"玄同"是老子基于对宇宙演化的深刻洞察而形成的观念。在老子看来，"锐、纷、光、尘"都是造成事物之间差异或界限的表现。因此，要达到"玄同"，就要消解事物之间的区别与对立，向"道"的本始状态靠近，复归万物交互融合、名号混同未起，无亲疏、利害、贵贱之别的玄妙境界。

zhì zhě bù yán　　yán zhě bú zhì
知者不言①，言者不知②。

sè qí duì bì qí mén　　cuò qí ruì jiě qí fēn hé
塞其兑，闭其门③，挫其锐，解其纷，和

qí guāng tóng qí chén　　shì wèi　xuán tóng
其光，同其尘④，是谓"玄同"⑤。

gù bù kě dé ér qīn　bù kě dé ér shū　bù kě
故不可得而亲，不可得而疏⑥；不可

dé ér lì bù kě dé ér hài　bù kě dé ér guì bù
得而利，不可得而害⑦；不可得而贵，不

kě dé ér jiàn　gù wéi tiān xià guì
可得而贱⑧。故为天下贵⑨。

①知者不言：有智慧的人不多言说，指能够感知体验"道"的人行不言之教。王弼注："因自然也。"郭店竹简本作"智之者弗言"。②言者不知：多话的人不是智者。王弼注："造事端也。"郭店竹简本作"言之者弗智"。③塞其兑，闭其门：此二句重见于第五十二章。④挫其锐，解其纷，和其光，同其尘：此四句重见于第四章。⑤玄同：玄妙齐同的境界，即"道"的境界。⑥不可得而亲，不可得而疏：到达"玄同"境界，内心没有亲疏之分。⑦不可得而利，不可得而害：到达"玄同"境界，不患得患失，没有得失之心、利害之分。⑧不可得而贵，不可得而贱：到达"玄同"境界，内心没有高低贵贱之分。⑨贵：尊贵，尊崇。

dì wǔ shí qī zhāng

第五十七章

　　老子在本章论述了无为之治的几个要素，并借圣人之言展示了自己理想的政治图景。

　　开篇老子就点明，无为之治一是要"以正治国"，二是要"以奇用兵"，三是要"以无事取天下"。接下来，老子用寥寥数笔勾画出当时的社会状况：禁令繁多，赋税繁苛，民贫国乱，盗贼丛生；政治越干涉，社会越动荡；物质越发达，人心越丑恶。这说明老子提倡"无为"并非无的放矢，是以"有为"的弊端反证"无为"的可贵。最后，老子借圣人之言指出"无为"的效果：为政者"无为""好静""无事""无欲"，百姓则"自化""自正""自富""自朴"。为政者清静无为、不贪不奢，最大限度减少干预与强制的"作为"，以顺任自然的态度来处理政务，以潜移默化的方式来引导民众，民众就会自我化育、自我端正、淳厚质朴、与世无争。这便是老子理想中的政治图景。老子"无为"的治国理念，对当今的世界政治亦有十分重要的借鉴意义。

以正治国①，以奇②用兵，以无事取天下③。

吾何以知其然哉？以此④：天下多忌讳，而民弥贫⑤；民多利器⑥，国家滋昏⑦；人多伎巧⑧，奇物⑨滋起；法令滋彰⑩，盗贼多有。

故圣人云："我无为，而民自化⑪；我好静，而民自正；我无事，而民自富；我无欲，而民自朴⑫。"

①以正治国：以清明的正道治国。正，清明的正道。历来注释者对"正"存两种观点：一种认为作"政"，如奚侗曰"正，政也"，王弼、林希逸等持此观点；一种认为作"清净无为"，如释德清曰"天下国家者，当以清净无欲为正"，高明、陈鼓应等持此观点。今据第一种观点。"治国"，帛书乙本、北大汉简本作"之国"，"之"通"治"，郭店竹简本、帛甲本作"之邦"。②奇：奇诡，诡诈。帛书本作"畸"。③以无事取天下：用清静无为之道治理天下。无事，无为。取，治理。④以此：凭以下这些。郭店竹简本、帛书本无此二字。⑤天下多忌讳，而民弥贫：天下的法令禁令越多，民众越陷入贫穷。忌讳，禁令、禁忌。郭店竹简本作"天多忌讳，而民弥畔"，"畔"通"叛"，指叛乱。⑥民多利器：民众手上锐利的武器过多。⑦滋昏：愈加动荡昏乱。滋，愈加、更加。⑧伎巧：技巧，智巧，机诈。帛书甲本中"伎"作"智"。⑨奇物：邪物，邪事。⑩法令滋彰：法令繁多周密。彰，明确、周密。河上公本作"法物滋彰"。⑪自化：自我化育。⑫自朴：自然淳厚质朴。

dì wǔ shí bā zhāng
第五十八章

　　本章首先顺承了前章对治国理念的探讨，再次强调要崇尚清静的"无为"之政，反对繁苛的"有为"之政，然后引申出祸福相互依附、正反相互转化的道理。

　　老子认为，治国需要"闷闷"之政风，其中既有浑朴淳厚之态，又有宽容仁厚之意，可使社会风气敦厚平和，民众生活朴实安宁，而明辨是非的"察察"之政风会适得其反，苛察严酷会使民众变得机诈狡黠，丧失自由和生机，天下皆不得安宁。这体现了老子的辩证思想。由此，引申出祸福相互依存并相互转化的人生哲理。然后，他用"孰知其极"设问，阐述了祸福转化的必然性："正复为奇，善复为妖。""正"原本是由"奇"转化而来的，"善"原本是由"妖"转化而来的，事物皆是如此循环往复。最后，他指出理想的为政者应该具备"方而不割，廉而不刿，直而不肆，光而不耀"的德性，应深藏若虚、含蓄收敛、公正平衡，始终不走极端。

其政闷闷①，其民淳淳②；其政察察③，其民缺缺④。

祸兮，福之所倚⑤；福兮，祸之所伏⑥。孰知其极⑦？其无正⑧。正复为奇，善复为妖⑨。人之迷⑩，其日固久⑪。

是以圣人方而不割，廉而不刿，直而不肆，光而不耀⑫。

①闷闷：懵懂、暗昧不明，此处引申为宽宏、仁厚。王弼注："言善治政者无形、无名、无事、无政可举，闷闷然卒至于大治，故曰其政闷闷也。"②淳淳：淳厚，质朴。帛书本作"屯屯"。王弼注："其民无所争竞，宽大淳淳，故曰其民淳淳。"③察察：严苛、琐碎，此处指政令严苛繁杂。王弼注："立刑名，明赏罚，以检奸伪。"④缺缺：狡猾、机诈，此处指因政令严苛，百姓相互攀比并日益狡诈。王弼注："殊类分析，民怀争竞，故曰其民缺缺。"⑤倚：依傍，依附。⑥伏：潜伏，隐藏。⑦孰知其极：有谁知道祸福转化变换的极限在哪里。孰，谁。极，终极、极致。⑧其无正：祸福变换无端，没有一个固定的模式，无法预测掌握。无正，不固定。⑨正复为奇，善复为妖：正常的忽而转化为反常的，良善的忽而转化为邪恶的。⑩迷：迷惑，此处指人们因福祸、正奇、善妖的转化无常而迷惑。⑪其日固久：也已经很久了，此处有积重难返的意思。⑫方而不割，廉而不刿，直而不肆，光而不耀：方正而不会割伤人，棱角锐利而不会刺伤人，正直而不放肆无忌，光亮而不耀眼。廉，棱角。刿，刺伤，帛书甲本作"刺"。此四句是指怀柔的持守之道，是相对于上文的祸福而言的。

127

第五十九章

老子在本章阐发了一个修身、治国的重要原则——"啬"。

"啬"并非指财物上的吝啬，其本义是将成熟的谷物收进粮仓。本章之"啬"与第六十七章"三宝"之"俭"意思相近，有两层含义：一层是指精神层面的爱惜保养，即节制欲望、蓄养精气、厚藏根基；另一层是指德性的持续积累，即储蓄能量、保存实力，以应对各种变化和危机。"啬"实际上包含了"治人"与"事天"两层含义。在老子看来，执掌政权、治理天下就应该掌握"啬"的原则，遵循大"道"、积蓄大"德"，做到根柢深固而不可动摇。

治人事天①，莫若啬②。夫唯啬，是谓早服③；早服谓之重积德④；重积德则无不克⑤；无不克则莫知其极⑥；莫知其极，可以有国⑦；有国之母⑧，可以长久。是谓深根固柢⑨，长生久视之道⑩。

① 治人事天：治理国家，侍奉自然。事，侍奉。天，自然。此处指人道与天道，即在天人关系中探究人如何顺应自然、效法天道。② 莫若啬：没有什么比爱惜精神、积蓄力量更重要了。啬，本义指收获谷物，引申为敛藏、节制，此处指爱惜精神、积蓄力量。③ 早服：早作准备。服，通"备"，准备。郭店竹简本中"早服"作"早备"。另有一种观点，服，复、返。早服，即早返大"道"。④ 重积德：厚重地积蓄大"德"。重，厚重。⑤ 克：战胜，超越。⑥ 极：终极，尽头。⑦ 可以有国：可以承担为政治国的重任。⑧ 有国之母：拥有守国安天下的根本原则。母，根本、本源。⑨ 深根固柢：使根基深固而不可动摇。柢，树的主根。深，使之深。固，使之固。⑩ 长生久视之道：长久维持、永远保全的根本原则。视，活、生存。

　　本章老子提出了一个重要的治国理念——"治大国，若烹小鲜"，这在中国乃至全世界的政治思想史上都产生了重大影响。老子社会政治理念的核心宗旨是"无为"，本章他将"无为之治"阐述得更加具体化、形象化，使之具备了可操作性。

　　"治大国，若烹小鲜"包含两层含义：首先，如同煎小鱼不能随意搅动，为政治国也应以清静无为为主，千万不要自作聪明、折腾扰民、节外生枝；其次，如同煎小鱼不能操之过急、使用猛火，为政治国也应该小心谨慎、戒骄戒躁，战战兢兢、如履薄冰。

　　"圣人"在老子的理念里代表理想的为政者，老子提出圣人遵循大"道"、公道昭明，则鬼魅敛迹、妖祥不兴，"圣人亦不伤人"。这里可以作反向理解：圣人清净无为，则政不伤人；政不伤人，则"其鬼不神"，则人鬼各遂其生、各安其所。这里隐约包含了老子无神论的倾向。圣人与神鬼皆相安无事，所有的"德"便都会交相归附于民众，理想的政治就得以实现了，即以"无为"的方式达到了"无不为"的目的，也就是"以道莅天下"。

治大国，若烹小鲜①。

以道莅②天下，其鬼不神③；非其鬼不神，其神不伤人④；非其神不伤人，圣人亦不伤人。夫两不相伤⑤，故德交归焉⑥。

---

①治大国，若烹小鲜：治理大国，就像烹煎小鱼，不要经常去搅动它，免得焦糊。鲜，鱼。②莅：临视，治理。帛书乙本作"立"，北大汉简本作"位"。③其鬼不神：鬼也发挥不了作用。神，通"伸"，伸张、显灵、起作用。④其神不伤人：鬼神的作用不能伤害世人。冯达甫注："鬼之为鬼，原无不同，只是以道临天下，鬼虽灵怪依然，却无空子可钻，伤不了人，所以不伤人。"⑤两不相伤：圣人和鬼神都不会伤害人。圣人以"道"临天下不伤人，一切鬼魅敛迹，也不伤人。王弼注："圣人不伤人，神亦不伤人，故曰'两不相伤'也。"⑥德交归焉：所有的"德"都会交相归附于民众。王弼注："神圣合道，交归之也。"

第六十一章

　　老子在本章阐述了处理国际关系的原则与策略，即大国守雌谦下，小国谦让相容。这也是"柔弱胜刚强"理念在国家关系中的运用和体现。

　　春秋时期，见诸经传注疏的大小诸侯国有一百七十余个。各诸侯国之间关系错综复杂，大小国会盟、征伐事件彰彰可考。在老子看来，在当时大国与小国的矛盾中，大国占有主导地位，制约和规范着双方关系的发展。大国应该首先涵养内藏、谦让无争、知雄守雌、海纳百川，切不可恃强凌弱、妄动干戈；小国则应谦下依附，不主动挑衅，不以卵击石。"大"者以仁厚待"小"，"小"者以睿智事"大"，便可以消弭争端，彼此相安了。老子的论述充分反映了他反对霸权、追求和平、构建和谐稳定国际秩序的殷切期望。

大国者下流①，天下之交②，天下之
牝③。牝常以静胜牡④，以静为下⑤。

故大国以下小国⑥，则取小国⑦；小
国以下大国，则取大国。故或下以取⑧，
或下而取⑨。大国不过欲兼畜人⑩，小国
不过欲入事人⑪。夫两者各得所欲，大
者宜为下⑫。

①大国者下流：作为大国，要甘心自处江河的下流以容纳百川。国，帛书甲本作"邦"。各本"国"最初应作"邦"，汉初避刘邦讳，改为"国"。下流，居于江河的下流，北大汉简本作"下游"。②天下之交：天下交汇融合的地方，此处指为政得到民众的归附。交，交川汇合。③天下之牝：此处指大国应该守柔居下，处于天下雌性的地位。牝，雌性、雌柔。④牝常以静胜牡：雌性经常凭借其安静柔和胜过雄性，为雄性所追逐。牡，雄性。⑤以静为下：以柔静甘居于下。雌性之所以胜过雄性，就在于此。⑥以下小国：以雌柔谦下的态度对待小国。⑦取小国：获得小国的拥护，聚合小国。取，聚合。⑧或下以取：大国因为谦柔居下以聚小国，以聚民众。下，谦下。⑨或下而取：小国因为谦柔居下见容于大国、聚集于大国。⑩兼畜人：把人聚合并养护，此处指大国联合小国以扩大势力。兼，聚合。畜，养育。⑪入事人：侍奉他人，此处指小国依附大国，为大国所容纳。⑫大者宜为下：大国尤其应该谦柔卑下。

第六十二章

　　老子在本章重申"道"的地位与价值，阐扬其重要性、超越性及其为普天下人所共同尊崇的必然性。

　　在老子看来，"道"是天地万物的庇护者，善者尊道而行，则有美言、尊行，不善者若能改过自新，及时尊道，也可以逐渐弥补罪孽得以保全。"道"不弃人，超越善恶，具备普世价值。而对于天子、三公来讲，其所需要的也并非是拱璧驷马的礼仪。那些形式上的宝物、感官上的享受，都无法与"道"相提并论。所以，"道"的价值又是超越物质之上的。老子最后还点明，古人遵循"道"则有求必应，转祸为福，故而其地位尊贵无比，为天下人所珍视。

dào zhě wàn wù zhī ào　　shàn rén zhī bǎo　　bú shàn
道者，万物之奥①。善人之宝②，不善
rén zhī suǒ bǎo
人之所保③。

měi yán kě yǐ shì　　zūn xíng kě yǐ jiā rén　　rén
美言可以市④，尊行可以加人⑤。人
zhī bú shàn hé qì zhī yǒu　　gù lì tiān zǐ　zhì sān gōng
之不善，何弃之有？故立天子，置三公⑥，
suī yǒu gǒng bì yǐ xiān sì mǎ　　bù rú zuò jìn cǐ dào
虽有拱璧以先驷马⑦，不如坐进此道⑧。

gǔ zhī suǒ yǐ guì cǐ dào zhě hé　　bù yuē yǐ qiú
古之所以贵此道者何？不曰：以求
dé　　yǒu zuì yǐ miǎn yé　　gù wéi tiān xià guì
得⑨，有罪以免邪⑩？故为天下贵。

① 奥：庇荫，主宰。王弼注："奥，犹暧也。可得庇荫之辞。"河上公注："奥，藏也。"帛书本作"注"，"注"即"主"。② 宝：珍宝。③ 保：保倚，护佑。河上公注："'道'者，不善人之保倚也。遭患逢急，犹知自悔卑下。"④ 美言可以市：嘉美的言词可以促成贸易。市，社会交易。⑤ 尊行可以加人：可贵的行为可以施及他人。加，施加、施及。⑥ 三公：中国古代最尊显的三个官职的合称。西汉今文经学家据《尚书大传》《礼记》等书以"三公"指司马、司徒、司空。古文经学家则据《周礼》以"三公"为太师、太傅、太保。帛书甲本作"三卿"，即司马、司徒、司空。⑦ 虽有拱璧以先驷马：虽有双手奉拱玉璧在先，一乘车马在后的隆重礼仪。拱，双手捧奉。王弼注："拱抱宝璧。"驷马，同驾一辆高车的四匹马。沈一贯在《老子通》中说："拱璧，合拱之璧。驷马，一乘之马。"⑧ 坐进此道：用"道"来进献。⑨ 不曰：以求得：岂不是说，依靠"道"，有求就可以得到。不曰，岂不是说。以求得，有求必应。帛书本"以求"作"求以"。⑩ 有罪以免邪：有罪的人依靠"道"，则可以得到赦免。

dì liù shí sān zhāng
第六十三章

　　老子在本章重申"无为"之旨，并对难易、大小的辩证关系进行分析，提出要全面辩证地看待问题。

　　在老子看来，所谓的难与易、大与小都是相比较而产生的。认识到这一点，对于难易之事就不会有分别心，处理艰难的问题时就可以从容易处着手，面对容易的事情时也可以慎重对待。因此，圣人大处着眼、小处入手，由易到难、由小及大，专注于细微以成就伟大，专注于局部以把握整体，专注于当下以成就未来，自处弱小依然能成就其伟大。《荀子·劝学》有"不积跬步，无以至千里；不积小流，无以成江海"之言，讲的是同样的道理。

为无为，事无事，味无味①。

大小多少②，报怨以德③。图难于其易④，为大于其细⑤；天下难事，必作⑥于易，天下大事，必作于细。是以圣人终不为大⑦，故能成其大。

夫轻诺必寡信⑧，多易必多难⑨。是以圣人犹难之⑩，故终无难矣。

①为无为，事无事，味无味：以"无为"的方式去作为，以不搅扰的方式去做事，在"无味"中品出滋味。王弼注："以无为为居，以不言为教，以恬淡为味，治之极也。"②大小多少：大生于小，多起于少。郭店竹简本作"大小之"，其下径接"多易必多难"。③报怨以德：以德报怨，以德行来包容、化解怨恨。马叙伦认为此句与上下文不相关联，当在第七十九章"和大怨"句上，严灵峰认为当在第七十九章"必有余怨"句下。④图难于其易：解决困难，从容易的小事着手。⑤为大于其细：成就大事，必须从细微之处做起。⑥作：兴起，发端。⑦不为大：不自以为大，不自我膨胀。⑧轻诺必寡信：信口开河、轻易许诺的一定很少守信用。⑨多易必多难：把事情想得太过于容易一定会碰到很多困难，难有所成。⑩犹难之：总是重视困难的一面，指圣人总是恭谨敬畏。

dì liù shí sì zhāng
第六十四章

　　本章郭店竹简本与北大汉简本皆是分两章抄写，"其安易持……始于足下"为一章，"为者败之"以后为另一章。本章前半部分主要是强调积厚之功的重要性，后半部分主要是重申"无为"的处世原则。

　　老子以"合抱之木""九层之台""千里之行"生动形象地揭示了事物演变的普遍规律，告诫人们越远大的事情，越要有耐心和毅力，要尊重规律，从点滴做起，心意稍有松懈，率意妄为，便会功亏一篑。他提醒世人要"为之于未有，治之于未乱"，注意祸患的根源，见微知著，未雨绸缪，防患于未然。

　　后半部分老子讲"无为""无执""辅万物之自然"。"无为"是原则、方法而不是目的，最终是要达到"自然"的状态，所以圣人的"无为"是"以辅万物之自然而不敢为"。另外，老子谈到人们做事时常常功亏一篑，所以要慎终如始。从内容上看，这里与本章前半部分讲积厚之功的理论关系密切，而其核心依然是复归于根本，遵循"道"本始的虚静状态，秉持"无为"的治世原则。

其安易持①，其未兆易谋②。其脆易泮③，其微易散④。为之于未有，治之于未乱⑤。合抱之木⑥，生于毫末⑦；九层之台，起于累土⑧；千里之行，始于足下。

为者败之，执者失之⑨。是以圣人无为故无败；无执故无失。民之从事，常于几成而败之⑩。慎终如始⑪，则无败事。是以圣人欲不欲⑫，不贵⑬难得之

① 其安易持：局面在安稳的时候容易把握。安，安稳。持，持守、把握。② 其未兆易谋：问题在没有出现征兆的时候容易谋划。兆，征兆、苗头。谋，谋划、处理。③ 其脆易泮：事物在脆弱的时候容易破裂。脆，脆弱。泮，通"判"，分开。河上公本"泮"作"破"。④ 其微易散：事物处于细微之时容易消散。微，细微。郭店竹简本中"微"作"几"。散，消散。⑤ 为之于未有，治之于未乱：在事情没有发生以前就早作准备，在祸乱没有产生之前就处理妥当。指要防患于未然，消患于萌芽。⑥ 合抱之木：两臂合抱的粗大树木。⑦ 毫末：微细的萌芽、末端。毫，动物纤细的绒毛。末，末梢、尖端。⑧ 九层之台，起于累土：极高的土台，是从小土堆累积起来的。九，虚数，形容极多。累土，低土或者一堆土。郭店竹简本、帛书本作"九重之台"。⑨ 为者败之，执者失之：两句重见于第二十九章。⑩ 民之从事，常于几成而败之：人们做事，常常在快要成功时遭到失败。几成，距离成功还有一步之遥。⑪ 慎终如始：审慎面对事情的终结，就像开始时那样慎重。⑫ 欲不欲：追求人们所不欲求的那种无为无执的境界。⑬ 不贵：不贪图，不珍视。

货；学不学①，复众人之所过②，以辅万
物之自然而不敢为③。

①学不学：学人之所不学，指圣人体悟自然，其学表现为没有学。郭店竹简本作"教不教"。②复众人之所过：还原补救芸芸众生所犯的过错。复，恢复、还原，此处指补救、挽回。③以辅万物之自然而不敢为：辅助万物的自然发展变化，绝不妄加干预。

dì liù shí wǔ zhāng
第六十五章

本章老子是在探讨治国安民的途径与方法。

他提出"愚"民，这个"愚"并非愚昧无知、浑浑噩噩，而是上智若愚，是返璞归真，是真朴自然。《庄子·山木》有"愚而朴，少私而寡欲"之言，即此意。老子不仅期望民众真朴若愚，也要求统治者真朴自砺。他指出：统治者机巧黠滑，就会败坏政风；统治者道法自然、清静无为、去智返朴，方为大"德"，才是国家的福祉。从这种意义上来说，"愚"是老子心中理想的人格修养境界。

古之①善为道②者，非以明民③，将以愚④之。

民之难治，以其智多⑤。故以智治国，国之贼⑥；不以智治国，国之福。

知此两者亦稽式⑦。常知稽式，是谓"玄德"。玄德深矣，远矣，与物反矣⑧，然后乃至大顺⑨。

① 古之：自古以来。② 善为道：善于将"道"推广应用于社会政治领域，即以"道"治国。③ 明民：使百姓变得巧诈多伪。明，巧诈。王弼注："明，谓多见巧诈，蔽其朴也。"河上公注："明，知巧诈也。"④ 愚：使之质朴、纯真。王弼注："愚，谓无知，守其真，顺自然也。"⑤ 智多：智巧伪诈增多。帛书本作"知也"。⑥ 国之贼：国家的祸害。贼，祸患、灾祸。⑦ 知此两者亦稽式：认识到"以智治国"和"不以智治国"的不同，乃是治国的法则。此两者，指"以智治国"和"不以智治国"。亦，乃、为。稽式，法式、法则。河上公本"稽式"作"楷式"。⑧ 与物反矣：帮助万物返归于真朴。与，帮助。反，通"返"，返璞归真。⑨ 大顺：自然通泰的境界。

第六十六章

　　本章老子巧妙地以"江海"为喻，说明圣人治天下如江海之纳百川，能自甘于处下居后，故能畜养万民，这正是"不争"之德与"无为而无不为"的体现。

　　在《道德经》一书中，老子数次以"江海"甘处下流、容纳百川的特征，比喻得"道"之人的谦恭居下、包容大度。在老子看来，为政者权力在握，容易让民众有负担，一旦肆意妄为，民众便不堪其累。因此，老子才频频呼吁统治者要虚怀若谷、韬光养晦、海纳百川。

　　"是以圣人欲上民，必以言下之；欲先民，必以身后之"中两个"欲"字，颇有"君人南面之术"的意味，似乎带有某种目的性和功利心。老子的思想确实可以给为政者提供"君人南面之术"，但并非是谋取功利的小格局，而是基于其"上下""先后"的辩证思想在政治上的体现，重点在于强调为政者虽居高位，却仍然谦下待民、先人后己的境界，强调为政者得民拥戴，"天下乐推而不厌"，故而"天下莫能与之争"的理想政治状态。

jiāng hǎi suǒ yǐ néng wéi bǎi gǔ wáng① zhě yǐ qí shàn
江海所以能为百谷王①者，以其善

xià zhī② gù néng wéi bǎi gǔ wáng
下之②，故能为百谷王。

shì yǐ shèng rén yù shàng mín③ bì yǐ yán xià zhī④
是以圣人欲上民③，必以言下之④；

yù xiān mín⑤ bì yǐ shēn hòu zhī⑥ shì yǐ shèng rén chǔ
欲先民⑤，必以身后之⑥。是以圣人处

shàng ér mín bú zhòng⑦ chǔ qián ér mín bú hài⑧ shì yǐ
上而民不重⑦，处前而民不害⑧。是以

tiān xià lè tuī ér bú yàn⑨
天下乐推而不厌⑨。

yǐ qí bù zhēng gù tiān xià mò néng yǔ zhī zhēng⑩
以其不争，故天下莫能与之争⑩。

①百谷王：山间的溪流河川所汇集归往的地方。百谷，百川，泛指山间的溪流河川。王，归往。②善下之：指江海甘处下流，能谦下容纳、包容兼具。下，处在低下的地方。③欲上民：想要处于民众之上，号令天下，统治民众。④必以言下之：必须在言辞上谦卑，不对民众发号施令。⑤先民：处于民众之前，统率民众。⑥以身后之：把自身的利益放在民众的后面，不同民众争利。范应元注："圣人卑辞退己，非欲上民先民，而民自尊让之也。"⑦处上而民不重：虽处在民众之上，但民众不会感到有负担。重，负重。高亨说："重犹累也，而民不重，言民不以为累也。"⑧害：妨碍，伤害。⑨天下乐推而不厌：天下人对为政者乐于推重拥戴而没有丝毫的厌弃不满。乐推，乐于推重拥戴，郭店竹简本作"乐进"。⑩莫能与之争：没有谁能够和他争夺角逐。

dì liù shí qī zhāng

第六十七章

　　在本章，老子由"道"的基本特征申论其在政治和军事领域的运用，提出了"慈""俭""不敢为天下先"的"三宝"命题，并以其辩证思想分析阐述了"三宝"的重要价值。

　　"慈"是老子思想中的重要范畴之一。老子身处春秋末年，当时战事纷乱，民不聊生，他深刻认识到战争的残酷性，因此极力阐扬"慈"。在他看来，恻隐爱人、慈悲为怀是化解矛盾、避免祸乱、和平友好的基础；"慈故能勇"，慈爱虽柔弱，却能涵养"勇"的品德。这种由大爱产生的大勇是"道"与"德"力量的体现，与《论语·宪问》中孔子所言"仁者必有勇"的意思是相通的。"俭"意指朴素节俭、恬淡无欲，不肆意妄为，不奢靡浪费，与第五十九章的"治人事天，莫若啬"中的"啬"意思想通。"不敢为天下先"是指在各种利益面前，能够做到谦柔不争、退让处事。此"三宝"用于军事，可守疆御土、取得胜利；用于政治，可承天之佑、长治久安。

tiān xià jiē wèi wǒ dào dà　sì bú xiào　　　fú wéi dà
天下皆谓我道大，似不肖①。夫唯大②，

gù sì bú xiào　ruò xiào jiǔ yǐ qí xì yě fú
故似不肖。若肖，久矣其细也夫③！

wǒ yǒu sān bǎo　chí ér bǎo zhī　　　yī yuē cí　èr yuē
我有三宝，持而保之④。一曰慈，二曰

jiǎn　　sān yuē bù gǎn wéi tiān xià xiān
俭⑤，三曰不敢为天下先。

cí　gù néng yǒng　　jiǎn　gù néng guǎng　　bù gǎn wéi
慈，故能勇⑥；俭，故能广⑦；不敢为

tiān xià xiān　gù néng chéng qì zhǎng
天下先，故能成器长⑧。

jīn shě cí qiě yǒng　　shě jiǎn qiě guǎng　　shě hòu qiě
今舍慈且勇⑨，舍俭且广⑩，舍后且

xiān　　sǐ yǐ
先⑪，死矣！

① 似不肖：似乎不像任何具体的事物。肖，像、相似。帛书本作"且不肖"。② 夫唯大：正因为"道"广阔博大。③ 久矣其细也夫：早就成为一种微不足道的东西了。细，细微、渺小。④ 我有三宝，持而保之：我有三种极其珍贵的东西，一直持守并且保护它。宝，宝物。持，持有、持守。保，保持、保护。"宝"和"保"，帛书甲本、北大汉简本皆作"葆"，河上公本皆作"宝"。⑤ 俭：节俭，敛藏，有节制。帛书本作"检"，有约束、限制之义。范应元注："俭，约也。吾能无欲，则甘于恬淡而不奢，兹亦一宝也。"⑥ 慈，故能勇：宽仁慈爱，所以能充满力量、勇迈无敌。范应元注："夫慈爱故能勇于行道，使亲安君尊，而天下人无弃人，物无弃物也。"⑦ 俭，故能广：节俭敛藏并且爱惜民力，所以能广开财源、广大广博。王弼注："节俭爱费，天下不匮，故能广也。"⑧ 器长：万物的主宰，天下的领袖。器，万物。帛书甲本作"事长"。⑨ 舍慈且勇：舍弃慈爱而一味地追求勇猛。且，求、取。王弼注："且犹取也。"⑩ 舍俭且广：舍弃节俭而一味地贪多贪广。⑪ 舍后且先：舍弃谦下退让而一味地争强好胜。

夫慈，以战则胜①，以守则固②。天将救之，以慈卫之③。

① 以战则胜：治国用兵，如果是出于对百姓的慈爱，作战就能取得胜利。
② 以守则固：以宽仁慈爱来守疆御土就能够固若金汤。③ 天将救之，以慈卫之：上天要庇佑帮助他们，会以宽仁慈爱来护卫他们。

dì liù shí bā zhāng
第六十八章

本章承续前章，主要阐述老子哲学思想在军事领域的运用。

老子提出人在战斗中不要逞强暴戾、怒而兴师、愠而致战，要甘于退守，避免同敌人正面交锋，即"不战而屈人之兵"，要善于用人、借力打力。"善战者不怒；善胜敌者不与"和《孙子·形篇》所谓"善战者之胜也，无智名，无勇功"意思相近。"不武""不怒""不与"又和前章谈论的征战守卫中的"慈"是同样的意思，是老子从"道"的基本特征与"水"的特性中抽取的智慧，被称作"不争之德"。所以它是符合天道自然的普遍规律，是自古以来就存在的最高准则。

shàn wéi shì zhě bù wǔ　　shàn zhàn zhě bú nù　shàn shèng
善 为 士 者 不 武①；善 战 者 不 怒；善 胜

dí zhě bù yǔ　　shàn yòng rén zhě wéi zhī xià
敌 者 不 与②；善 用 人 者 为 之 下③。

shì wèi bù zhēng zhī dé　　shì wèi yòng rén zhī lì
是 谓 不 争 之 德④，是 谓 用 人 之 力⑤，

shì wèi pèi tiān　　gǔ zhī jí　yě
是 谓 配 天⑥，古 之 极⑦也。

①善为士者不武：善于做将帅的人不轻易凭逞武力而发动战争。士，武士，此处指将帅。王弼注："士，卒之帅也。"武，动武、发动战争。②不与：不相争。与，争斗、交锋。王弼注："不与争也。"③为之下：自甘卑下，或指待人态度谦和。④不争之德：甘于退守、不争名夺利，却能被人拥戴的美德。吴侗说："不武、不怒、不与，是不争之德也。"⑤用人之力：善于借助、利用他人的力量和本领。⑥配天：上述的美德与天相配，合于天道。配，匹配、媲美。⑦古之极：自古以来的最高准则。极，最高准则。

dì liù shí jiǔ zhāng
第六十九章

　　本章与前两章内容相承，老子继续立足于"道"，从军事层面阐发其哲学思想，阐扬"不争"之德、"慈爱"之理、"用兵"之道。

　　《道德经》全书大约有十章属于"战争篇"，所以自唐代王真撰《道德经论兵要义述》以来，便有将《道德经》看作与《孙子兵法》相似的兵书者。本章是《道德经》"战争篇"中最具"兵书"色彩的。本章论述用兵之道，主张不要轻敌妄动，不要主动挑起战争，即所谓"不敢为主"。那些自认为天下无敌者，按照物极必反、"物壮则老"的天道规律来看，是最容易受挫、产生祸患的。如果两军不得已交战，也要秉持悲天悯人的情怀。"抗兵相加，哀者胜矣"再一次证明了"柔弱胜刚强""慈，故能勇"的道理。

用兵有言："吾不敢为主①而为客②；不敢进寸而退尺③。"是谓行无行④；攘无臂⑤；执无兵⑥；扔无敌⑦。

祸莫大于轻敌，轻敌几丧吾宝⑧。

故抗兵相加⑨，哀者⑩胜矣。

① 为主：采取攻势，主动征伐。② 为客：采取守势，被动防御。③ 不敢进寸而退尺：作战时不肆意进犯，而是退守防御。④ 行无行：排兵布阵却像没有阵势。第一个"行"作动词，指排兵布阵。第二个"行"作名词，指行列、阵势。⑤ 攘无臂：捋起袖子挥舞双臂要攻击的样子，就好像没有臂膀可举一样。攘臂，捋起袖子，挥舞双臂。⑥ 执无兵：虽有兵器，就像没有兵器可握持一样。兵，兵器。执，握持、执有。⑦ 扔无敌：于是就没有敌人。扔，通"乃"，于是。河上公本作"扔"，帛书本作"乃"。王弼本中此句在"执无兵"之前。⑧ 几丧吾宝：几乎丧失我克敌制胜的法宝。几，几乎、快要。宝，指上文的"慈""俭""不敢为天下先"三宝。⑨ 抗兵相加：指两军实力相当。抗，抗衡、匹敌。相加，相当。帛书本作"相若"。⑩ 哀者：怀着悲天悯人的情感悲愤应战的一方。哀，悲愤，含有"慈"的意思。

dì qī shí zhāng
第七十章

　　老子在本章发出了曲高和寡、怀才不遇，茫茫人海、知音难觅的感喟。

　　老子认为自己的言论都是本于人性自然的道理，像"柔弱""无为""慈""俭""不争"，都是在日常生活上最易实行的。然而言者谆谆，听者藐藐。世人多惑于躁进、迷于荣利，对这些道理茫昧无知，行事与之背道而驰；多只慕恋虚华的外表，却看不到那褐衣粗布里怀藏着的美玉其实就是大"道"与美德。"被褐怀玉"可谓老子思想的一个形象比喻。这些人生哲理看上去都如粗布衣般朴实无华，其中却隐藏着精金美玉般的珍贵价值。

wú yán shèn yì zhī　　shèn yì xíng　　　tiān xià mò néng

吾言甚易知①，甚易行②。天下莫能

zhī　mò néng xíng

知，莫能行③。

yán yǒu zōng　　shì yǒu jūn　　fú wéi wú zhī　　shì

言有宗④，事有君⑤。夫唯无知⑥，是

yǐ bù wǒ zhī

以不我知⑦。

zhī wǒ zhě xī　　zé wǒ zhě guì　　shì yǐ shèng rén

知我者希⑧，则我者贵⑨。是以圣人

pī hè huái yù

被褐怀玉⑩。

① 甚易知：非常容易了解。甚，很、非常。王弼注："可不出户窥牖而知，故曰甚易知也。"② 易行：容易实行。王弼注："无为而成，故曰甚易行也。"③ 莫能知，莫能行：无人明白，无法实行。④ 言有宗：发表言论有宗旨。宗，宗旨、纲领。王弼注："万物之宗也。"⑤ 事有君：做事情有根据。君，根源、根据。王弼注："万事之主也。"⑥ 无知：不了解"道"的精妙。⑦ 是以不我知：所以不了解我。"不我知"即"不知我"。⑧ 希：少，稀少。⑨ 则我者贵：效法、取法于我的人非常可贵。则，效法、取法。释德清注："则，谓法则。言取法也。"贵，可贵、难得。⑩ 被褐怀玉：身穿粗布衣服而怀里却揣着美玉，指怀才不遇。褐，兽毛或粗布制成的短衣。玉，美玉，此处象征大"道"与美德。

dì qī shí yī zhāng

第七十一章

　　老子在本章主要阐述了人格的自我修养与完善。

　　他强调人贵有自知之明，切忌只看到事物的表象，便以为洞悉了真相，明明一知半解，却虚妄地将自己的"不知"认作"知"。不肯诚实地检视自己，自欺欺人，就是得了妄知之"病"。而圣人"不病"，是因为他们把"不知知"这种毛病当作毛病，能够认识到人类认知的局限，懂得反省，具备坦诚和勇气。因此，老子认为，一个人只有做到心智上的真诚，敢于正视自己的不足，善于自省和自责，善于自我改进、自我提高，才能使人格日趋完整。

知不知①，上②；不知知，病③。夫唯病病④，是以不病⑤。圣人不病，以其病病，是以不病⑥。

　　①知不知：知道自己有所不知。②上：最高明的境界。帛书本作"尚矣"，"尚"通"上"。③不知知，病：不知道却自以为知道，就是毛病。病，缺点、毛病。④病病：把这种毛病当作病。第一个"病"是意动用法，指以之为病。第二个"病"作名词，指上文"不知知"的毛病。⑤是以不病：所以就没有毛病，指不会犯错误。⑥圣人不病，以其病病，是以不病：圣人不犯错误，正因为他把这种"不知知"的毛病当作毛病，所以就没有毛病。

dì qī shí èr zhāng
第七十二章

　　老子在本章旗帜鲜明地对统治者的高压政策提出警告，指出统治的稳固与成败在于为政者对待民众的态度，并由此重申其"无为"的治国之道。

　　本章开篇老子即告诫统治者：过度行使威权压制，将民众逼到无法安居、无以安生的地步，民众就会铤而走险、揭竿而起。"民不畏威"之时，统治者的末日也就不远了。老子的这种观点蕴含着民本主义精神。他继而指出：圣人居上，不要自恃政权在握而为所欲为，而应该"不自见""不自贵"，不张扬自己的权威并汲汲于高人一等，不虚荣地自我炫耀并汲汲于自显尊贵；要时刻保持自知自省、自尊自爱，珍惜"道"赋予自己的独特秉性，遵循大"道"自然无为的原则，给予民众更多的自由。

mín bú wèi wēi　　zé dà wēi zhì
民 不 畏 威①，则 大 威 至②。

wú xiá qí suǒ jū　　wú yā qí suǒ shēng　　fú wéi
无 狎 其 所 居③，无 厌 其 所 生④。夫 唯

bù yā shì yǐ bú yàn
不 厌，是 以 不 厌⑤。

shì yǐ shèng rén zì zhī bú zì xiàn　　zì ài bú zì
是 以 圣 人 自 知 不 自 见⑥；自 爱 不 自

guì　　gù qù bǐ qǔ cǐ
贵⑦。故 去 彼 取 此⑧。

①民不畏威：民众对权威无所畏惧。威，威权。②大威至：天下大乱的可怕情形就要发生了。威，祸乱。③无狎其所居：不要把民众逼到无法安居、无以安生的地步。狎，通"狭"，引申为逼迫、压榨。河上公本作"狭"。④无厌其所生：不要压制民众的生路。厌，通"压"，压制。⑤夫唯不厌，是以不厌：只有不压制民众，民众才不厌恶为政者。第一个"厌"指压制，第二个"厌"指厌恶、憎恨。⑥自知不自见：圣人自知自省而不会自我炫耀、张扬。见，通"现"，表现、炫耀。⑦自爱不自贵：圣人自尊自爱而不会自以为高贵。⑧去彼取此：舍去"自见""自贵"，保持"自知""自爱"。

dì qī shí sān zhāng
第七十三章

　　老子在本章强调了天道的威力，主张对天道要有所敬畏并坚定地遵循，以此重申其"无为"的哲学思想。

　　老子首先对比了"勇于敢"和"勇于不敢"两种相反的态度，认为前者是取死之道，后者是自存之道。两者的利害虽不易见，但行事失道，为天所恶，终究难逃"天网"。真正的勇并不是那种被贪欲所驱使的逞强贪竞、无所忌惮的匹夫之勇，而是效法自然的规律，勇于不争、勇于不为、宽缓安静、谦柔居下。这与第七十六章"坚强者死之徒，柔弱者生之徒"是同样的道理。其次，老子称颂天之"道"宽广无边，"自然"之网宏伟无边，虽然稀疏但却包容一切、无所遗漏。天道正是以不争善胜、不言善应、不召自来、绰然善谋的方式实现其无边的威力。这种威力就如同巨大的天网，无声无息，却又无所不在。今天人们常说的"法网恢恢，疏而不漏"便是源于本章的"天网恢恢，疏而不失"。

勇于敢则杀①，勇于不敢则活②。此两者，或利或害③。天之所恶，孰知其故④？（是以圣人犹难之⑤。）

天之道⑥，不争而善胜，不言而善应⑦，不召而自来，绰然而善谋⑧。天网恢恢⑨，疏而不失⑩。

① 勇于敢则杀：肆意地逞强妄为，必将被天道所制裁。敢，肆意逞强妄为。杀，被杀、灭亡。② 勇于不敢则活：心存敬畏，秉持柔弱，则能够蕴育生机。不敢，柔弱而有所敬畏。③ 此两者，或利或害：柔弱而有所敬畏有利，逞强妄为有害。或，不定代词，两个"或"分别指上述两种情况。④ 天之所恶，孰知其故：天道厌恶逞强妄为的，谁知道这是什么缘故。⑤ 是以圣人犹难之：此句重见于第六十三章，此处疑为错简重出，故标注括号。帛书本无此句。⑥ 天之道：自然的规律。⑦ 应：回答，呼应。⑧ 绰然而善谋：不动声色却完美地筹划安排好了一切。绰然，舒缓、迟缓之貌。《说文解字》："绰，带缓也。"河上公注："绰，宽也。"帛书甲本作"弹"，帛书乙本作"单"，北大汉简本作"默"。⑨ 天网恢恢：天道如同一张广阔无边的巨网。恢恢，极为广大。《说文解字》："恢，大也。"河上公注："甚大。"⑩ 疏而不失：网眼稀疏，却包容万物，无所遗漏。

第七十四章

　　本章老子承续前章"天网恢恢，疏而不失"之义，指出那些恣意杀人、作恶多端、违背天道的暴政者终将自取灭亡。

　　前章讲"勇于敢则杀"，刑罚本是天道用来惩戒悖道妄行者的方式，一些统治者却越俎代庖，窃取并滥用了生杀予夺的天道之权，作为威逼恐吓人民的手段，这是对天道司杀的背离。《庄子·养生主》有"通天之刑"一说，与老子的以"天"为"司杀者"可谓一脉相承。老子对当时为政者滥用严刑峻法逼使人民走向死途的情形，提出沉痛的抗议。他警告统治者，这种行为"希有不伤其手矣"，必然会遭受天谴。在老子看来，真正的治国之道是虽有威严而不滥施，虽有刑罚而置之不用，顺任自然、清净无为则政治清明、社会安定。此章反映了老子反对酷法、反对暴政的人道主义思想。

mín bú wèi sǐ nài hé yǐ sǐ jù zhī ruò shǐ mín

民不畏死，奈何以死惧之①？若使民

cháng wèi sǐ ér wéi qí zhě wú dé zhí ér shā zhī

常畏死，而为奇②者，吾得执而杀之③，

shú gǎn

孰敢④？

cháng yǒu sī shā zhě shā fú dài sī shā zhě shā

常有司杀者⑤杀。夫代司杀者⑥杀，

shì wèi dài dà jiàng zhuó fú dài dà jiàng zhuó zhě xī

是谓代大匠斲⑦。夫代大匠斲者，希⑧

yǒu bù shāng qí shǒu yǐ

有不伤其手矣。

①民不畏死，奈何以死惧之：民众不畏惧死亡，怎么还能用死亡使他们感到惧怕。惧，使动用法，使之畏惧，使之害怕。死，死亡。帛书本作"杀"。②为奇：作邪恶的事情，指作恶多端、违背天道。③执而杀之：把他们拘押起来杀掉。执，捉拿、拘押。帛书甲本作"吾将得而杀之"，帛书乙本作"吾得而杀之"。④孰敢：有谁胆敢再为非作歹。⑤司杀者：掌管杀人的，此处指天道。司，主管、掌管。⑥代司杀者：代替掌管杀人的，指统治者代替天道行使生杀大权。⑦代大匠斲：代替技艺高超的木工砍削木头。斲，用刀或斧使劲砍、削。⑧希：少，稀少。

dì qī shí wǔ zhāng
第七十五章

　　老子在本章顺承了第七十二章和第七十四章的反对暴政理念，并揭示了社会动乱的根源就是统治者的盘剥和暴政。

　　在老子看来，统治者"食税之多"，是横征暴敛、穷奢极欲、胡作非为以奉一己私欲；统治者"有为"，是苛政扰民，百姓饥饿困苦、动辄得咎，就会铤而走险、轻于犯死，其结果便是"难治"。老子对统治者"求生之厚"的"贵生"观念提出批评，告诫他们不要汲汲于求长生，清静恬淡之人胜于贪生怕死、厚自奉养的人；并且再次呼吁统治者，清静无为、减省贪欲、节制赋敛，方为长治久安的治国之道。

民之饥，以其上①食税②之多，是以饥。

民之难治，以其上之有为③，是以难治。

民之轻死，以其上求生之厚④，是以轻死。

夫唯无以生为者⑤，是贤于贵生⑥。

①上：为政者。帛书本、北大汉简本作"取"。②食税：敛税，收取赋税。
③有为：统治者横征暴敛、胡作非为。④以其上求生之厚：由于为政者过分地
奉养奢厚。厚，过分、过度。"上"字王弼本、帛书本缺。严灵峰说："'上'字
原阙，傅奕本、杜道坚本俱有'上'字。王（弼）注云：'言民之所以僻，治之
所以乱，皆由上，不由其下也；民从上也。'依注并二句例，当有此'上'字；
因据傅本并注文补正。"此处据傅奕本补"上"字。⑤无以生为者：指清静无为、
不追求奢侈、不过度养生的人。河上公注："夫唯独无以生为务者，爵禄不干于
意，财利不入于身。"⑥贤于贵生：胜过那些过分追求奢侈、过度养生的人。贤，
胜过。贵生，过分地奉养生命。高亨说："君贵生则厚养，厚养则苛敛，苛敛则
民苦，民苦则轻死。故君不贵生，贤于贵生也。"

第七十六章

　　老子在本章以人类和草木的生死为例，重申"柔弱胜刚强"的哲学观点。这一观点，老子曾在第三十六章、第四十三章和第七十八章中讲过，他不厌其烦地加以重申，可见其重要性。

　　本章首先从人类和草木的生存现象，说明成长的东西都是柔弱柔软的，而死亡的东西都是坚硬干枯的。其次，老子简明扼要地阐明"柔弱"的强大生命力和"坚强"易夭折的必然性。最后，老子概括得出"强大处下，柔弱处上"的结论，说明了贵柔处弱的深刻哲理，体现了其一再强调的事物相反相成、相生相克的辩证思想。

rén zhī shēng yě róu ruò　　qí sǐ yě jiān qiáng　　wàn

人之生也柔弱①，其死也坚强②。万

wù cǎo mù zhī shēng yě róu cuì　　　qí sǐ yě kū gǎo

物草木之生也柔脆③，其死也枯槁④。

gù jiān qiáng zhě sǐ zhī tú　　　róu ruò zhě shēng zhī tú

故坚强者死之徒⑤，柔弱者生之徒。

shì yǐ bīng qiáng zé bú shèng　　　mù qiáng zé bīng　　　qiáng

是以兵强则不胜⑥，木强则兵⑦。强

dà chǔ xià　　róu ruò chǔ shàng

大处下，柔弱处上。⑧

①人之生也柔弱：人出生之时，身体是柔软的。范应元注："冲气为和，故柔弱也。"②其死也坚强：人死之后，身体变得僵硬。③草木之生也柔脆：草木萌生之时，嫩芽是柔软脆弱的。④枯槁：形容草木死亡之后的干枯。⑤坚强者死之徒：坚硬的事物属于趋向死亡的一类。徒，类、属。⑥兵强则不胜：用兵逞强就不会胜利。⑦木强则兵：树木强大就会遭受砍伐。兵，名词作动词，指被砍伐。帛书甲本作"木强则恒"，帛书乙本作"木强则竞"。⑧强大处下，柔弱处上：貌似强大的往往处在向下的趋势，盛极必衰；貌似柔弱的却处于向上的趋势，化劣为优，柔弱胜强。

dì qī shí qī zhāng
第七十七章

　　本章老子立论于"天之道"与"人之道"，阐明"道"是调节和维系宇宙间一切事物运动发展的规律和法则，并在充分肯定"天之道"合理均衡的基础上，针砭了"人之道"种种乱象，提出了解决方案。

　　老子首先以"张弓"为喻，指出天道就像调节弓弦，弦位高了就往下压，弦位低了就往上升，弓弦过长就截掉一些，弓弦过短便补足它。即自然界生态的平衡、人类社会各阶层的平衡，都有天道法则在暗中调节、维系。天道作为一种无形的力量，使万事万物保持一种动态的平衡，盈虚消长、调和适中、均衡稳定。其次，推天道而明人事，老子看到那些违背天道的社会状态——苛敛榨取，弱肉强食，贫者越贫，富者越富。这就如同过松或过紧的弓，或是缺乏应有的活力，或是处于崩裂危险的边缘，必然导致社会动荡、秩序崩溃。因此，老子呼吁人道效法天道，减去有余的来弥补不足的，抑制过大的来激活弱小的，使社会秩序保持一种动态的、相对的平衡与和谐。

tiān zhī dào　qí yóu　zhāng gōng　yú　gāo zhě yì zhī
天之道，其犹① 张弓②与？高者抑之③，

xià zhě jǔ zhī　　yǒu yú zhě sǔn zhī　bù zú zhě bǔ zhī
下者举之④；有余者损之⑤，不足者补之⑥。

tiān zhī dào　sǔn yǒu yú ér bǔ bù zú　rén zhī dào
天之道，损有余而补不足⑦。人之道，

zé bù rán　　sǔn bù zú yǐ fèng yǒu yú
则不然⑧，损不足以奉有余⑨。

shú néng yǒu yú yǐ fèng tiān xià　wéi yǒu dào zhě
孰能有余以奉天下，唯有道者。

shì yǐ shèng rén wéi ér bú shì　gōng chéng ér bù chǔ
是以圣人为而不恃，功成而不处⑩，

qí bú yù xiàn xián
其不欲见贤⑪。

①犹：如，好似。②张弓：给弓安上弦并且调节弦位的高低。③高者抑之：弓弦高了，就往下压。抑，往下压、往下按。④下者举之：弓弦低了，就往上升。举，往上升、抬高。⑤有余者损之：弓弦过长的，就截掉一些。损，截断或缠绕起多余的弓弦。⑥不足者补之：弓弦过短的，就补足它。补，补足过短的弓弦。⑦损有余而补不足：减去有余的来弥补不足的，使之保持平衡。此处是以张弓之道来比喻天道的盈虚消长。⑧不然：不是这样。范应元注："反天道也。"⑨损不足以奉有余：掠夺那些贫困的，用来奉养那些富贵的，使之不平衡。奉，奉养、供奉。⑩为而不恃，功成而不处：有为而不自恃己能，成就功业而不以功自居。处，居于某处。帛书乙本作"为而弗有，成功而弗居"。⑪其不欲见贤：他无意于炫耀自己的聪明才智。见，通"现"，呈现、彰显。见贤，炫耀自己的贤能。

dì qī shí bā zhāng
第七十八章

　　本章中老子以水为喻，重申以柔克刚、弱能胜强的哲理，并将其推及治国之道。

　　老子认为水具备两种特性：一是表象的柔弱趋下、润物无声、利人利物；二是本质的韧性绵绵、攻坚克强、水滴石穿。他将这两种特性引申到治国之道上，便是要统治者既谦恭卑下又坚韧不拔，能够承受国家的一切祸患灾殃，能够承担起国家的一切责任重担。具备这种品德与能力的君主，才可以为社稷之主、天下之王。本章最后由圣人之言，引出"正言若反"的结论。可见，老子是在事物对立统一、正反相互转化的辩证关系中认识柔弱与刚强的关系的，这是其思想的重要特征。

天下莫柔弱于水，而攻坚强者莫之能胜①，以其无以易之②。

弱之胜强，柔之胜刚，天下莫不知③，莫能行④。

是以圣人云："受国之垢⑤，是谓社稷主⑥；受国不祥⑦，是为天下王⑧。"正言若反⑨。

---

① 莫之能胜：指在攻坚克强方面，没有能够超过水的。之，指水。胜，胜过、超过。② 无以易之：没有什么可以代替它。易，代替。③ 莫不知：（"柔弱胜强"这个道理）没有人不知道。④ 莫能行：（"柔弱胜强"这个道理）没有人能够施行。⑤ 受国之垢：承担全国的屈辱。受，承受。垢，耻辱。范应元注："承担全国的所有屈辱。"⑥ 社稷主：国家的君主。社稷，古代帝王祭祀的土神和谷神，后成为政权的象征、国家的代称。⑦ 受国不祥：能够承担全国的祸患灾殃。不祥，灾祸、灾凶。⑧ 天下王：天下的君王。⑨ 正言若反：持中守重的言论，听上去都好像是在说反话。指真理好像违反常识，对的看起来像是错的。河上公注："此乃正直之言，世人不知，以为反言。"

dì qī shí jiǔ zhāng

第七十九章

　　本章是帛书甲、乙本《老子》中《德经》的最后一章。帛书乙本在"天道无亲，常与善人"句后有"德三千卌一"五个字，"德"是篇名，"三千卌一"是字数。本章颇有深意，而"天道无亲，常与善人"更是具有总结性的意义。

　　老子认为，硬要去调和深重仇怨，必然会积留余怨，是不能称作"善"的。这是在提醒为政者切不可蓄怨于民，用繁苛赋税去榨取民众，用严刑峻法去钳制民众，否则会造成无法调和的深重仇怨。为政者应该如虽"执左契"却不向人讨债者，以"德"化民，奉献给予而从不索取，乐观其成而从不干涉。因为"天道无亲"，"道"不分亲疏、无所偏爱，有"德"之人效法天道，清静自化、无为而治，天道自然站在"德""善"的一边。

和①　大怨，必有余怨②，安可以为善③？
是以圣人执左契④，而不责⑤于人。有德
司契⑥，无德司彻⑦。

天道无亲，常与善人⑧。

①和：调和，调解。②余怨：遗留、遗存的怨仇。③安可以为善：怎么能
算是妥善的办法呢。安，怎么、怎能。为，算是、算作。④左契：契券，借据。
古代竹木等材料制作的契券，一分为二，双方各持其一作为信验。契券的左半
部分由债权人持有，作为届时偿还债务的凭证。⑤责：索取、讨还所欠的债务。
⑥有德司契：有德之人如同在掌管左契，虽掌管却不向人讨债，指给予但不索
取，所以怨无所生。司，掌管。⑦无德司彻：无德之人则像掌管税收的人那样苛
取赋税，指只索取却不给予，故大怨必至。彻，周代的税法。⑧天道无亲，常与
善人：天道不分亲疏，无所偏爱，但通常站在善人那一边。无亲，没有私亲。与，
同"予"，给予、帮助。

第八十章

dì bā shí zhāng

　　本章老子勾画了一幅桃花源似的社会图景，反映了其"无为"的治国理念和国泰民安的政治理想。

　　本章的"小国寡民"长期以来被视为一个术语或概念，并由此被认定为老子的"社会政治理想"、老子勾画的理想政治蓝图等，甚至被视为一种消极遁世之说。这些观点有失偏颇。

　　首先，从注释来看，王弼注："国既小，民又寡，尚可使反古，况国大民众乎！故举小国而言也。"王弼的注释明确地表达出一个意思：国土面积小和人口少是小国的两个特征，因此老子举小国为例时就说成"小国寡民"。可见"小国寡民"不是术语，老子也并非用它来表示自己的社会政治理想，它只是老子将"无为"的治国方法运用于小国治理之中的举例而已。河上公注："圣人虽治大国，犹以为小，示俭约，不为奢泰。民虽众，犹若寡小，不敢劳之也。"这是把"小国寡民"当作一种治理大国的方法，即把自己的大国众民当作小国寡民，就像治理小国那样，俭约不奢泰，且不敢劳民和扰民，如此才能收到无为而无不为之效，得到民众拥戴。按照河上公的说法，"小国寡民"承续了周初"怀保小民"思想，与"治大国，若烹小鲜"的思想也是相通的。

　　其次，结合老子所处的时代背景来分析，春秋末期世道衰微，"大道废""六亲不合""国家昏乱"，社会处在动荡崩溃的边缘。老子目睹了大国争霸、吞并小国的种种乱象，清醒地认识到天下之患在于诸侯势力过大。"小国寡民"是他提出限制诸侯势力的一种理想措施，如第七十七章中提出的"张弓之道"，抑制过大的来激活弱小的，使社会秩序保持一种动态的、相对的平衡与和谐，这才是合乎天道的应有之举。

总之，"小国寡民"绝不是消极遁世之说，相反，它是老子对当时无道社会的反驳，是期望重建以民为重的有道社会的"圣人之治"的政治实践。目的在于减损统治者的贪欲和扩张意识，减损其层层盘剥和烦琐法令，其中包含着对文明的反思与批判的可贵精神。在老子所勾画的社会图景里，没有战争和杀戮，没有重赋和刑罚，人们原始纯良、无欲无羡、淳朴快乐、安足和谐。冯友兰先生在《中国哲学史》中将其总结为"至治之极"。在他看来，"这并不是一个原始的社会，用《老子》的表达方式，应该说是知其文明，守其素朴。《老子》认为，对于一般所谓文明，它的理想社会并不是为之而不能，而是能之而不为"。这才是老子所推崇的"道"的"无为而无不为"之效。

xiǎo guó guǎ mín
小 国 寡 民 ①。使 有 什 伯 之 器 而 不 用 ②；
shǐ yǒu shí bǎi zhī qì ér bú yòng

shǐ mín zhòng sǐ ér bù yuǎn xǐ
使 民 重 死 而 不 远 徙 ③。虽 有 舟 舆 ④，无
suī yǒu zhōu yú wú

suǒ chéng zhī suī yǒu jiǎ bīng wú suǒ zhèn zhī shǐ mín
所 乘 之；虽 有 甲 兵 ⑤，无 所 陈 ⑥ 之。使 民

fù jié shéng ér yòng zhī
复 结 绳 而 用 之 ⑦。

gān qí shí měi qí fú ān qí jū lè qí sú
甘 其 食，美 其 服，安 其 居，乐 其 俗 ⑧。

lín guó xiāng wàng jī quǎn zhī shēng xiāng wén mín zhì lǎo sǐ
邻 国 相 望，鸡 犬 之 声 相 闻，民 至 老 死，

bù xiāng wǎng lái
不 相 往 来 ⑨。

① 小国寡民：国土面积小，人民稀少，指老子为其同时代的小国设计的淳朴自然的生活图景。② 使有什伯之器而不用：即使有相当于人力十倍、百倍效率的器械也不使用。使，即使、即便。什伯之器，指具有十倍、百倍人力效率的器械。河上公本、帛书本作"什伯人之器"。郭店竹简本此句作"使有十百人器而勿用"。③ 重死而不远徙：珍重生命，不向远处迁移。重，看重、珍重。④ 舟舆：船与车。舆，本义是车厢，此处泛指车辆。⑤ 甲兵：铠甲和戈、矛、剑、戟等长短兵器，此处泛指各类武器设备。⑥ 陈：通"阵"，列阵，摆开战阵。⑦ 复结绳而用之：重新使用古代结绳记事的原始方法，此处指重现太古时期的淳厚质朴的自然状态。复，恢复、重现。⑧ 甘其食，美其服，安其居，乐其俗：使民众自以其食为甘，以其服为美，以其居为安，以其俗为乐，指一种少私寡欲、无欲自足、自得其乐的田园生活。甘、美、安、乐，形容词的意动用法，以之为甘、美、安、乐。⑨ 民至老死，不相往来：民众直到健康终老，彼此之间也少有往来。此处指减少民众彼此之间为自然资源和生存空间而起的争斗。

dì bā shí yī zhāng

第八十一章

　　本章作为《道德经》最后一章，是对全书的凝炼总结，其核心宗旨就是"人之道"要效法"天之道"。

　　首先，老子从"人之道"着手，谈修身与治学。他辩证地分析了"信"与"美"、"善"与"辩"、"知"与"博"，认为这些同为正向、优秀的品质之间，存在着反向、矛盾的关系。"信言""善者""知者"是淳厚质朴的，不需要"美""辩""博"之类的文饰，因为大"道"至简。所以，朴实无华、心思恪纯、一以贯之才是修身治学之道。

　　其次，老子指出，圣人不聚积财物，不搜刮索取，只是帮助他人，奉献社会，他们把给予看作收获，把付出看作回报，这反而使他们变得更加富有、丰盈。因为这种美德正是效法了"自然""无为"的天道。所以，"天之道"与"人之道"是相合相通、彼此感应的，如同天道的"利而不害"，人道的准则也应该是"为而不争"。如此，才能实现个体的生命意义和社会价值。

xìn yán bù měi měi yán bú xìn shàn zhě bú biàn biàn
信言不美，美言不信①；善者不辩，辩

zhě bú shàn zhì zhě bù bó bó zhě bú zhì
者不善②；知者不博，博者不知③。

shèng rén bù jī jì yǐ wèi rén jǐ yù yǒu jì
圣人不积④，既以为人，己愈有⑤；既

yǐ yǔ rén jǐ yù duō
以与人，己愈多⑥。

tiān zhī dào lì ér bú hài shèng rén zhī dào wéi
天之道，利而不害⑦；圣人之道，为

ér bù zhēng
而不争⑧。

① 信言不美，美言不信：真实的话未必华美，华美的言辞未必真实。信言，真话、由衷之言。美言，巧言、华美之言。② 善者不辩，辩者不善：诚善的人不巧辩，巧辩的人不诚善。辩，巧辩、卖弄口才。帛书乙本作"善者不多，多者不善"，在"知者不博，博者不知"之后。③ 知者不博，博者不知：大智慧的人未必知识广博，知识广博的人未必都有大智慧。知，通"智"，智慧。博，广博、宽泛。④ 不积：不私自积聚。此处指圣人不自私，没有占有的欲望。积，聚、积聚。⑤ 既以为人，己愈有：竭尽全力帮助别人，自己反而更加充足富有。既，尽、全力。为，帮助。⑥ 既以与人，己愈多：尽力给予别人，自己反而更加丰富盈满。与，给予。⑦ 利而不害：顺应自然，使万物受利而不加任何伤害。⑧ 为而不争：创造、施为而不会与之争夺。高亨说："圣人之道，有施于民，无争于民也。"

参考文献

一、《道德经》注疏、校释本

[1][战国]韩非子:《解老》《喻老》,梁启雄著《韩子浅解》,中华书局,1960年。

[2][汉]河上公注,王卡点校:《老子道德经河上公章句》,中华书局,1993年。

[3][汉]严遵著,王德有点校:《老子指归》,中华书局,1994年。

[4][三国魏]王弼注,楼宇烈整理:《老子道德经注校释》,中华书局,2008年。

[5][唐]傅奕:《道德经古本篇》,《四部要籍注疏丛刊·老子》上册,中华书局,1998年。

[6][唐]成玄英:《道德经义疏》,《四部要籍注疏丛刊·老子》上册,中华书局,1998年。

[7][唐]唐玄宗注:《唐玄宗御注道德真经》,《道藏》第十一册,文物出版社、上海书店、天津古籍出版社,1998年。

[8][唐]陆德明:《老子音义》,《经典释文》,中华书局,1983年。

[9][宋]范应元:《老子道德经古本集注》,《四部要籍注疏丛

刊·老子》上册，中华书局，1998年。

[10][宋]李霖:《道德真经取善集》十二卷，任继愈主编《道藏提要》，中国社会科学出版社，1991年。

[11][宋]林希逸:《道德真经口义》，《道藏》第十二册，文物出版社、上海书店、天津古籍出版社，1998年。

[12][宋]王安石:《王安石老子注辑佚会钞》，华东师范大学出版社，2013年。

[13][宋]白玉蟾著，陆文荣统筹，六六道人辑纂:《白玉蟾真人全集》，海南出版社，2016年。

[14][元]杜道坚:《道德玄经原旨》，《道藏》第十二册，文物出版社、上海书店、天津古籍出版社，1998年。

[15][元]吴澄:《道德真经注》，《道藏》第十二册，文物出版社、上海书店、天津古籍出版社，1998年。

[16][明]王道:《老子亿》，天津崇华堂刊本，1939年。

[17][明]焦竑著，黄曙辉校:《老子翼》，华东师范大学出版社，2011年。

[18][明]释德清著，尚之煜校释:《老子道德经解》，中华书局，2019年。

[19][清]刘师培:《老子斠补》，《刘申叔遗书》，凤凰出版社，1997年。

[20][清]俞樾:《老子平议》，《诸子平议》卷八，中华书局，1954年。

[21][清]易顺鼎:《读老札记》(附《补遗》)，《宝瓠斋杂俎》之四，光绪甲申（1884年）刻本。

[22] [清] 姚鼐、奚侗、马其昶撰，汪福润点校辑译：《老子注三种》，黄山书社，2014 年。

[23] 梁启超：《论老子书作于战国之末》，《古史辨》第四册，上海古籍出版社，1982 年。

[24] 马叙伦：《老子校诂》，浙江古籍出版社，2020 年。

[25] 朱谦之：《老子校释》，中华书局，1984 年。

[26] 高亨：《老子正诂》，清华大学出版社，2004 年。

[27] 陈鼓应：《老子注译及评介》，中华书局，2015 年。

[28] 刘笑敢：《老子古今》（修订版），中国社会科学出版社，2006 年。

[29] 鲍鹏山、敬鸿章编校：《〈道德经〉正音诵读》，中国青年出版社，2022 年。

二、简帛《老子》和相关著作、论文

[1] 荆门市博物馆编：《荆门郭店楚墓竹简》，文物出版社，1998 年。

[2] 马王堆汉墓帛书整理小组编：《马王堆汉墓帛书老子》，文物出版社，1976 年。

[3] 国家文物局古文献研究室编：《马王堆汉墓帛书》，文物出版社，1980 年。

[4] 北京大学出土文献研究所编：《北京大学藏西汉竹书》，上海古籍出版社，2012 年。

[5] 裘锡圭：《老子今研》，中西书局，2021 年。

[6] 高明：《帛书老子校注》，中华书局，1996 年。

[7] 李零：《郭店楚简校读记》，北京大学出版社，2002 年。

[8] 廖名春：《郭店楚简老子校释》，清华大学出版社，2003 年。

[9] 徐志钧：《老子帛书校注》，凤凰出版社，2016 年。

[10] 吴文文：《北大汉简老子译注》，中华书局，2022 年。

三、其他著作、论文

[1][汉]司马迁：《史记》，中华书局，2011 年。

[2][汉]班固撰，[唐]颜师古注：《汉书》，中华书局，1962 年。

[3][汉]许慎撰，[清]段玉裁注：《说文解字注》，中华书局，2013 年。

[4][三国魏]嵇康著，戴明扬校注：《嵇康集校注》，中华书局，2014 年。

[5][西晋]杜预：《春秋经传集解》，上海古籍出版社，1989 年。

[6][唐]李百药：《北齐书·杜弼列传》，中华书局，1972 年。

[7][唐]李延寿：《北史》，中华书局，1974 年。

[8][唐]魏征、令狐德棻：《隋书》，中华书局，1973 年。

[9][唐]道宣：《续高僧传》，《大正原版大藏经》，新文丰出版公司，1983 年。

[10][后晋]刘昫等：《旧唐书》，中华书局，1975 年。

[11][明]宋濂：《宋濂全集》，人民文学出版社，2014 年。

[12][清]王引之著，李维琦点校：《经传释词》，岳麓书社，1985 年。

[13][清]孙希旦：《礼记集解》，中华书局，1989 年。

[14][清]王先谦：《荀子集解》，中华书局，2012 年。

[15] 吕思勉：《先秦学术概论》，《吕思勉全集》第 3 册，上海古籍出版社，2015 年。

[16] 严灵峰：《老庄研究》，中华书局，1979 年。

[17] 王力：《王力古汉语字典》，中华书局，2000 年。

[18] 胡适：《中国哲学史大纲》，商务印书馆，2011 年。

[19] 冯友兰：《中国哲学史》，商务印书馆，2001 年。

[20] 张岱年：《中国哲学大纲》，商务印书馆，2017 年。

[21] 郭沫若：《青铜时代》，中国人民大学出版社，2005 年。

[22] 罗根泽编著：《古史辨》，上海古籍出版社，1982 年。

[23] 钱穆：《庄老通辨》，三联书店，2002 年。

[24] 林语堂：《老子的智慧》，湖南文艺出版社，2016 年。

[25] 郭化若：《孙子兵法译注》，上海古籍出版社，2012 年。

[26] 钱锺书：《管锥编》，生活·读书·新知三联书店，2001 年。

[27] [德]卡尔·雅思贝尔斯著，李雪涛主译：《大哲学家》，社会科学文献出版社，2005 年。

[28] 姚达兑：《〈道德经〉最早英译本及其译者初探》，《外语教学与研究》，2017 年第 1 期。

[29] 张明芳、郭娇：《〈道德经〉翻译研究可视化文献计量分析》，《翻译研究与教学》，2022 年第 2 期。